적정출산

적정출산

초판 인쇄 2017년 10월 20일
초판 발행 2017년 10월 25일

지은이 이승일
펴낸이 김기호
기 획 한국생존전략연구원

펴낸곳 한가람서원
출판등록 제 2-1863호
주소 서울특별시 마른내로 72, 504호
전화 02-336-5695 | 팩스 02-336-5629
전자우편 bookmake@naver.com

ⓒ 이승일 2017

ISBN 978-89-90356-41-3 03330

행복한 적정인구는 얼마인가?

적정출산

프롤로그

저자는 10년 전에 지방소재 대학에 부임하여 그곳에서, 저출산으로 인해 지방사회, 지방기업, 지방교육 등이 악순환하면서 인구가 점차 줄어드는 현상을 직접 체험한 바 있습니다.

이에 저자는 저출산에 관심을 갖고, 자료를 모으는 과정에서 나름대로 많은 것을 느꼈습니다. 이에 저출산의 개선에 기여하고 싶어, 5년 전에 '생존수요'(2012)란 책을 쓴 바 있습니다.

그 후에도 저자는 저출산 관련 자료를 계속 축적하는 과정에서 전에 미처 느끼지 못한 점을 새로이 많이 느꼈습니다. 이에 지난번 책을 대폭 보완하여 '적정출산'이란 제목으로 출간합니다.

인구는 많아도 문제이고, 적어도 문제입니다. 따라서 알맞게 낳아 잘 키워야 합니다. 그래서 과출산도 저출산도 아닌 적정출산이 매우 중요합니다.

그러나 적정출산은 일률적으로 정하기가 쉽지 않습니다. 왜냐하면, 출산에 대한 상황 및 인식 등이 국가나 개인마다 다르고, 시대마다 변해왔기 때문입니다.

그렇지만 한 국가가 현재 수준의 인구 규모를 지속적으로 유지하기 위해서는 특별한 사정이 없는 한, 젊은이들이 모두 결혼해서 가정마다 평균 2명 정도의 자녀를 낳아 잘 키워야 합니다.

그런데 한국에선 이보다 현저히 낮은 출산율이 지속됩니다. 이는 사적 영역인 출산 자체보다 공적 영역인 사회의 제반여건과 관련된 출산 관련 환경이 매우 열악하기 때문입니다.

이로 인해 젊은이들이 결혼을 미루고, 아이를 적게 낳는 것입니다. 따라서 출산율의 제고가 매우 시급한 상황입니다. 이를 위해 출산 관련 환경을 조속히 향상시켜야 합니다.

이에 젊은이들이 모두 결혼해서 가정마다 평균 2명의 자녀를 낳을 수 있도록 공적 영역인 '출산 관련 환경'의 향상에 중점을 두고, 이 책을 전개하였습니다.

이 책은 학문적 차원이 아니라 오로지 저자의 바람을 전달하는 데 목적을 두고 썼습니다. 그래서 많은 분들의 의견 및 문헌 등을 제 입장에서 재구성하였습니다.

또한, 저자의 바람을 원만하게 전달하기 위해 논쟁이 될 만한 내용은 가급적 피했습니다. 그럼, 이 책이 저출산의 개선에 다소나마 기여하기를 기대합니다.

이 책이 나오는 데 도움을 주신 모든 분들께 감사드립니다. 특히 많은 조언을 해주신 박태수 원장님과 친구 신효철님, 원고정리를 도와주신 김창영 박사님과 임만식 이사님, 감수해 주신 정희돈 고문님과 정진택 교수님, 그리고 출판해 주신 한가람서원 사장님께 깊은 감사를 드립니다.

2017년 10월
목동에서 용왕산을 바라보며 이 승 일

차례

1부

한국
저출산의
이해

[상황]

요즈음 저출산에 대한 사회적 관심이 높아지고 있습니다. 저출산을 우려하는 기사가 자주 보도되고 있습니다. 주변에서 저출산과 관련하여 화제로 삼는 경우가 많아지고 있습니다.

이에 저출산에 대해 궁금해하는 사람들도 많아지고 있습니다. 그래서 독자의 이해를 돕기 위해 저출산의 심각성을 경제공황에 비교하여 살펴봅니다.

경제공황은 자본주의가 발달한 나라에서 최대 호황 직후에 일어납니다. 그래서 신뢰의 붕괴라고도 합니다. 하여튼 공황은 경기가 심각하게 침체된 상태를 말합니다. 그래서 자본주의 시장경제 체제에서 가장 두려워하는 현상입니다.

저출산은 출생아 수가 감소하는 매우 심각한 현상입니다. 그런데 아이러니(irony)하게도 주로 선진국에서 일어나고 있습니다. 이 또한 신뢰의 배신입니다. 하여튼 저출산 현상에 직면한 국가들은 이로 인한 고민이 이만저만이 아닙니다.

이처럼 경제공황과 저출산은 자본주의의 모순을 보는 것 같습니다. 왜냐하면, 경제공황과 저출산은 일반적인 상식과 전혀 다른 상황에서 발생하여 매우 심각한 문제를 야기하기 때문입니다.

따라서 경제공황과 저출산의 심각성을 비교해보는 것은 의미가 있다고 봅니다. 이는 양자의 심각성에 대한 인식을 새롭게 하는데 많은 도움이 될 것이기 때문입니다.

먼저, 대공황에 의한 피해를 살펴봅니다.

공황은 소비도 생산도 급격히 나빠져, 정상적인 경제생활이 어려운 심각한 경기침체 상태를 의미합니다.

그래서 공황이 발생하면 기업의 상황이 급속히 나빠집니다. 이는 물건이 팔리지 않아 재고로 쌓이기 때문입니다. 또 물건이 자꾸만 쌓이니 생산량을 줄이게 됩니다.

그러다 보니 직원들을 내보내야 하는 악순환이 반복됩니다. 이로 인해 경기는 더욱 침체됩니다. 그 결과 많은 사람들이 상당 기간 고통에 시달리게 됩니다.

이러한 공황의 대표적인 사례로는 1929년에 발생한 '세계대공황'의 경우를 들 수 있습니다.

세계대공황은 제1차 세계대전이 1919년에 끝나면서 전쟁 중인 나라에 군수물자를 공급하며 활기를 띠었던 미국경제가 불황의 늪에 빠지면서 1929년에 나타난 현상입니다.

당시 세계대공황은 종전 외에도 여러 복잡한 문제들에 의해 일어난 것이지만, 순식간에 전 세계를 불황에 빠뜨리고 실업을 급증시킨 결과를 초래하였습니다. 그리하여 불황을 극복하기까지 10여 년 동안 아주 많은 사람들을 힘들게 했습니다.

이를 극복하는 과정에서 존 메이너드 케인즈의 생각이 많은 도움이 되었기에, 살펴봅니다. 케인즈는 실업과 불황을 해결하기 위해서 "정부가 유효수요를 일으켜야 한다."고 생각했습니다.

왜냐하면 수요가 있으면 생산이 늘어나서 고용이 증가할 것이고, 고용이 증가하면 소득이 생겨서 다시 소비가 증가할 것이고, 그것이 곧 수요의 증가이기 때문입니다.

다음은 저출산에 의한 피해를 살펴봅니다.

저출산은 공황과 달리 서서히 진행됩니다. 그래서 짧은 기간엔 출생아 수의 감소 폭이 그리 크지 않아 사람들은 출생아 수의 감소를 거의 느끼지 못합니다.

그러나 저출산은 진행될수록 변화가 커집니다. 그래서 저출산이 오래 지속되면 출생아 수의 감소 폭이 크게 증대되어, 사람들은 출생아수의 감소를 쉽게 느낄 수 있습니다.

이와 관련하여 한국의 저출산 현상을 예로 들어봅니다. 한국은 출생아 수가 1970년 100만 6,645명에서 2015년 438,420명으로 감소하였습니다. 이 기간 동안 출생아 수가 평균적으로 매월 약 1,052명씩, 매년 약 1만2627명씩 감소하여, 45년이 지나

감소 폭이 56만 8225명으로 크게 확대되었습니다.

이에 1970년대에는 많은 사람들이 출생아 수의 변화를 거의 감지하지 못하였으나, 이제는 출생아 수의 감소를 느끼지 못하는 사람들이 거의 없는 듯합니다.

이와 같이 저출산은 출생아 수를 지속적으로 감소시켜, 국가의 여러 분야를 비어가면서 피해를 확산시킵니다. 독자의 이해를 돕기 위해 일본의 저출산 사례를 살펴봅니다.

일본의 교육 분야는 저출산에 의한 학령인구의 급감으로 초등학교부터 대학까지 시차를 두고 많은 학교가 사라지고 있습니다. 사라진 학교 주변지역도 경제의 위축으로 사라져가고 있습니다.

일본의 주택분야는 저출산의 여파로 지방은 물론 도쿄에서도 빈집이 늘어나고 있습니다. 저출산의 여파로 집만 비어가는 것이 아니라. 사무실도 비어가고 있습니다.

일본의 농지분야는 저출산의 여파로 경작 포기지가 늘어나고 이와 같이 방치된 농경지는 야생동물의 서식지로 변해가고 있습니다.

일본의 의료분야는 저출산에 의한 출생아 수의 급감으로 산부인과와 소아과 등이 줄줄이 문을 닫고 있습니다. 그래서 의료공백지대가 증가하고 출산 난민이 늘어나고 있습니다.

이와 같이 저출산은 국가를 비어가면서 경제·사회적으로 심각한 문제를 야기하여, 국가의 발전을 저해하고 삶의 질을 크게 저하 시키는 요인으로 작용합니다.

따라서 특단의 대책을 강구하지 않는 한, 일본은 사회의 여러 분야가 계속해서 비어갈 것이고, 그 결과는 미래가 더 힘든 사회로 나타날 것입니다.

그런데 한국은 일본을 판박이처럼 따라가고 있습니다. 그래서 현재 일본의 모습이 미래 한국의 모습이라고 합니다. 이에 일본의 사례는, 한국에 시사하는 바가 매우 큽니다.

더욱 안타까운 것은, 일단 저출산 국가로 접어들면 여간해서 출산율을 회복하기가 쉽지 않습니다. 예로 저출산 국가들이 적지 않지만 20년 이내에 저출산 기준을 회복한 국가가 아직 없습니다. 심지어 전문가들은 "한국 저출산을 이대로 방치하면 지속적인 인구감소로 수백 년이 지나면, 마침내 순혈 한국인은 지구상에서 모두 사라질 수도 있다."고 우려를 표명하였습니다.

그럼, 대공황과 저출산의 심각성을 비교해 봅니다.

지금까지 대공황과 저출산의 심각성에 대해 살펴보았습니다. 이를 진행, 고통, 회복측면 등으로 구분하여 비교하여 봅니다.

먼저, 진행측면에서 비교해 봅니다. 대공황은 급속히 진행되어 사람들에게 엄청난 충격을 줍니다. 반면 저출산은 서서히 진행되어 사람들은 짧은 기간 내에선 거의 변화를 느끼지 못합니다.

다음은 고통측면에서 비교해 봅니다. 대공황은 짧은 기간에 아주 엄청 큰 경제사회적 고통을 줍니다. 반면 저출산은 처음엔 미미하지만, 갈수록 고통이 커지면서 국가의 생존까지 위협합니다.

또한, 회복측면에서 비교하여 봅니다. 대공황은 불황을 극복하는데 10여년 걸렸습니다. 반면 저출산은 아직 저출산국들 중 20년 내에 저출산 기준을 벗어난 국가가 없습니다.

이제, 결론을 내립니다. 짧게 보면 공황이 저출산보다 더 심각하나, 길게 보면 저출산이 대공황보다 훨씬 더 심각합니다. 이에 전문가들은 저출산을 대재앙에 비유하여 경고하는 것입니다.

차제에 존 메이너드 케인즈의 견해를 빌립니다.

대공황 시에 실업과 불황을 해결하기 위해서 정부가 유효수요를 일으켜야 한다고 주장한 케인즈의 견해를 빌리면, 저출산 문제를 해결하기 위해선 정부가 좋은 출산요건을 조성해 젊은이들로 하여금 출생아 수를 적정수준 낳도록 해야 합니다.

그리하여 출생아 수가 적정수준이 되면 저출산으로 인한 각종 문제를 해결하여 줄 뿐만 아니라 국가의 생존을 지속시킵니다. 이에 저자는 출생아 수를 '생존수요'라고 정의하고, 젊은이들을 '출산수요'라고 정의하였습니다. 이유를 더 살펴봅니다.

먼저, 출생아 수의 경우는 이미 오래전에 '출생아'를 '생존을 이어간다.'는 의미에서 '생존수요'라고 정의하고, 생존수요란 이름으로 책을 출간한 바 있습니다.

다음, 젊은이들을 '출산수요'라고 정의한 이유는 젊은이들이 출생아들을 갖기(낳기) 때문입니다. 그래서 케인즈의 견해대로 젊은이들에게 좋은 출산요건을 제공하여, '유효출산수요'를 일으키고자 하는 것이 이 책의 근본 취지입니다.

제1장

한국
저출산의
실태

이번 장에선 한국 저출산의 실태를 파악하는 데 중점을 두고 제반 현황, 문제점, 대응과정 등을 살펴봅니다.

왜냐하면, 현실을 올바로 인식해야 정확한 대처를 할 수 있기 때문입니다.

제1절에서는 한국 저출산의 현황을 살펴봅니다. 한국의 합계 출산율의 감소 추세, 출생아수의 감소 추세 등 한국 저출산의 기본적인 통계 자료를 살펴봅니다.

제2절에서는 한국에서 저출산으로 인해 야기되는 제반 문제점을 살펴봅니다. 특히 저출산이 고령화를 조장하는 과정을 중점적으로 살펴봅니다.

제3절에서는 한국 저출산의 대응과정을 전반적으로 살펴봅니다. 특히, 10년간 80조원을 투입하였음에도 불구하고 개선효과가 미미한 점에 대해 관심을 가지고 살펴봅니다.

01
한국 저출산의 현황

● 한국의 출산율은 세계 최저수준입니다

유엔은 일부 개발도상국들의 높은 출산율에 의한 영향으로, 세계인구가 2011년 70억 명에서 2100년 101억 명에 이를 것으로 예측하고 있습니다.

이처럼 지구 전체적으로 볼 때는 여전히 인구 과잉이 문제이고, 아직도 맬서스가 '인구론'에서 주장한 우울한 예언이 끝나지 않았음을 의미합니다.

그러나 대부분의 선진국에서는 인구 과잉이 문제가 아니라, 오히려 저출산으로 인구 증가가 둔화하는 것을 심각한 문제로 받아들이고 있는 것이 현실입니다.

특히 한국의 경우 합계 출산율은 세계 최저 수준이고, 이에 따라 고령화는 세계에서 가장 빠른 속도로 진행되고 있습니다. 이는 심하게 말하면 국가재앙으로 치닫고 있다고 해도 과언이 아닙니다.

이에 이번 절에선 한국의 저출산 현황을 정확히 파악하는 데 중점을 두고, 한국의 출산율, 출생아 수 등을 살펴봅니다.

한국의 합계출산율

본론에 앞서, 이 분야에 처음 대하는 독자 여러분의 이해를 돕기 위해 주제와 관련된 용어에 대해 알아봅니다.

- 합계출산율 : 여성 1명이 평생(15세부터 49세까지 가임 동안)에 낳을 것으로 예상되는 아이 숫자의 평균치를 말합니다.
- 대체출산율 : 현재 인구 규모를 유지하기 위한 출산율을 말합니다. 대체출산율은 통상 합계 출산율 2.1명으로 봅니다. 산술적으로 2.0명이면 현상유지가 가능한데 0.1명을 보탠 것은, 태어난 아이가 성장하여 출산하기 전에, 사망하거나 불임이 되어버리는 경우 등이 있기 때문에 이를 고려한 것입니다.
- 저출산 국가 : 합계출산율이 1.5명 아래로 내려간 나라를 말합니다. 특히, 합계출산율이 1.3명 아래로 내려간 경우, 저출산 국가와 구분하여 초저출산 국가라고 말합니다.

본론으로 들어가 한국의 출산율에 대해 살펴봅니다.

한국은 합계출산율이 1970년 4.53명, 1980년 2.82명, 1990년 1.56명, 2000년 1.47명, 2010년 1.23명, 현재(2016년) 합계

출산율은 1.17명으로 계속 감소했습니다.

또한 1983년엔 합계출산율이 2.06명으로 대체 출산율 기준 (2.1명) 밑으로 내려갔고, 이어서 1998년 1.45명으로 저출산 기준(1.5명) 밑으로 내려가 저출산 국가가 되었습니다.

더욱이 2001년엔 합계출산율이 1.297명으로 초저출산 기준 (1.3명) 밑으로 내려가 초저출산 국가가 되었고, 아직 이 기준을 벗어나지 못하고 있습니다.

특히 2005년에는 한국의 합계출산율이 1.08명까지 내려간 바 있습니다. 지금까지 한국에선 세계 최저 수준의 출산율이 지속되고 있습니다.

한국의 출생아 수

앞에서 살펴본 바와 같이 출산율이 감소함에 따라 출생아 수도 계속 감소했습니다. 이를 살펴봅니다.

한국의 출생아 수가 1970년 100만6,645명, 1980년 86만 2,835명, 1990년 64만9,738명, 2000년 63만4501명, 2010년 47만 명, 현재(2015년) 출생아 수는 438,420명으로 계속 내려 갔습니다.

또한 대체출산율 기준 밑으로 내려갔던 1983년은 출생아 수 76만 9,155명을 기록하였습니다.

그리고 저출산 국가로 내려갔던 1998년은 출생아 수 63만 4,790명을 기록하였고, 초저출산 국가로 내려갔던 2001년은 출생아 수 55만4,895명을 기록하였습니다.

특히 출생아 수가 2002년 49만 2,111명(합계출산율 1.17명)으로 내려간 후, 지금까지 40만 명대를 벗어나지 못하고 있습니다.

차제에 한국의 가임여성 수에 대해 살펴봅니다. 왜냐하면, 가임여성이야말로 진정한 의미의 출산수요라고 할 수 있기 때문입니다.

가임여성(15~49세)의 수가 1970년 743.7만여명에서 계속 증가하여 2002년에 1,378.5만 여명으로 정점을 찍고, 그 이후 지금까지 일관되게 감소해 왔습니다.

이를 살펴보면 가임여성 수가 2006년 1,361.5만명에서 2015년 1,279.6만명으로 내려갔습니다. 즉, 지난 10년간 가임여성 수가 81만9천명이 줄어든 것입니다.

이와 같이 10년 이상 진행된 가임여성 수의 감소로 인해, 출산율의 증감추세와 출생아 수의 증감추세가 같지 않은 경우가 나타나고 있습니다. 예를 들어봅니다.

최근 10년간 출산율은 1.12~1.30명 사이에서 등락했습니다. 이를 5년 단위로 나눠 살펴봅니다.

'제1차 저출산·고령사회 기본계획' 기간인 2006년부터 2010년까지는 출산율이 평균 1.19명이었으나, '제2차 계획' 기간인 2011년부터 2015까지는 출산율이 평균 1.24명으로 상승추세였습니다.

하지만 출생아 수는 다르게 나타났습니다. 2006년부터 2010

년까지는 출생아 수가 평균 46만 5천명이었으나, 2011년부터 2015년까지는 출생아 수가 45만 3천명으로 감소추세를 유지하였습니다.

이와 같이 합계출산율이 다소 높아진다고 해도 이미 진행된 가임여성 수의 감소로 출생아 수의 증가가 쉽지 않게 되었습니다.

지금까지 한국의 출산율, 출생아 수, 가임여성 수 등에 대해 살펴보았습니다. 모두 감소추세입니다. 따라서 저출산에 대한 획기적인 대안 마련이 시급합니다. (제5장에서 대안 제시)

02
한국 저출산의 문제

● 인구는 많아도 문제, 적어도 문제입니다

한국 저출산의 문제는 두 가지로 크게 나뉩니다. 하나는 출생아 수가 계속 감소하는 점과 관련한 문제, 다른 하나는 저출산이 고령화의 진전을 조장하는 점과 관련한 문제입니다.

왜냐하면, 한편으론 저출산이 출산율을 저하시켜 사회구조의 저효율 현상을 야기하고, 다른 한편으론 저출산이 고령화의 진전을 조장하여 사회구조의 고비용 현상을 야기하기 때문입니다.

이는 출생아 수의 감소 현상이 계속될수록 심각한 문제점을 많이 야기하고, 고령화의 진전은 빠를수록 노후대비가 힘들어 삶의 질을 저하시키는 것을 의미합니다.

이처럼 저출산은 매우 심각한 현상을 야기합니다. 이에 이번 절에서는 '출생아 수의 계속 감소현상' 및 '저출산의 고령화 조장현상'을 중점적으로 살펴봅니다.

출생아 수의 계속 감소현상

한국은 저출산으로 인해 출생아 수가 계속해서 감소하고 있습니다. 이에 대해 전문가들은 국가재앙의 예고라고 경고하면서, 범 국가 차원의 강력한 대응을 촉구하였습니다.

왜냐하면 출생아 수의 계속 감소현상은 미래사회 전반에 엄청난 충격을 줄 것으로 예측되기 때문입니다.

이와 같은 출생아 수의 계속 감소현상은 통상 고령화를 조장하면서 심각한 문제를 야기하여 국가발전을 저해하는 경우가 많습니다. 그래서 저출산·고령화의 문제라고도 합니다.

이에, 전문가들이 지적하는 출생아 수의 계속 감소현상으로 인한 저출산의 문제점을 간추려 봅니다.

첫째, 저출산(출생아 수의 계속 감소)으로 노동공급이 감소하고 노동력의 고령화로 노동생산성이 낮아지는 등 미래의 성장동력기반이 붕괴될 수 있다는 것입니다.

둘째, 저출산으로 세수기반이 감소하고 사회보험 가입자는 줄어드는 반면, 노인 인구의 증가로 사회보험 지급비용의 증가로 나라살림에 심각한 어려움을 줄 수 있다는 것입니다.

셋째, 저출산으로 국내수요가 감소하여 기업의 투자가 줄어드는 등 경제성장이 둔화하고 개인의 삶의 질이 극도로 악화될 가능성이 크다는 것입니다.

넷째, 저출산으로 사회 제반분야의 규모가 축소되는 과정에서 많은 문제를 야기할 수 있다는 것입니다. 예를 들면 각급 학교의 통폐합의 촉진 및 병역자원의 부족 등이 예상된다는 것입니다.

다섯째, 저출산을 이대로 방치하면 지속적인 인구감소로 수백 년이 지나면 마침내 순혈 한국인은 지구상에서 모두 사라질 수도 있다는 점입니다.

이에, 저명한 인구학자 옥스퍼드대 데이비드 콜먼 교수는 "인구는 많아도 재앙이지만, 적어도 재앙이다."라고 지적하고, 적정인구(적정출산)의 중요성을 강조하였습니다.

저출산의 고령화 조장현상

이번 항도 본론에 앞서, 이 분야에 처음 대하는 독자 여러분의 이해를 돕기 위해, 주제와 관련된 용어에 대해 알아봅니다.

- 유엔은 65세의 인구가 총인구의 7% 이상을 차지하는 사회를 고령화사회, 14% 이상이면 고령사회, 20% 이상이면 초고령사회로 분류합니다.
- 통상 노인인구가 7%를 넘으면 주위에 노인들이 쉽게 눈에 띄지만 사회적으로 큰 문제는 없습니다. 14%를 넘어서면 국가가 노인부양을 책임져야 하고 이로 인해 정부재정에도 부담이 됩니다. 20%를 넘게 되면 한나라의 경제성장률을 떨어뜨릴 정도로 심각한 수준이 됩니다.

본론으로 들어가 저출산의 고령화 조장현상을 살펴봅니다.

고령화란 총인구 중에서 고령자(65세 이상)의 비율이 높아지는 현상을 말합니다. 이에 고령화 속도는 국민 기대수명의 장단 및 합계출산율의 증감에 따라 진행됩니다.

먼저, 기대수명의 영향에 대해 알아봅니다.

총인구가 변동이 없을 경우, 기대수명이 증가하면 65세 이상 인구가 증가하게 되어 고령화 속도가 빨라집니다. 즉, 기대수명의 증가는 고령화 속도를 진전시킵니다.

다음, 출산율의 영향에 대해 알아봅니다.

65세 이상 인구가 변동이 없을 경우, 출산율이 감소하면 총인구가 감소하여 고령화 속도가 빨라집니다. 즉, 저출산은 고령화의 진전을 조장합니다.

위의 현상과 관련하여 한국 고령화의 상황을 살펴봅니다.

최근 한국은 국민의 기대수명이 선진국 수준으로 높아져, 65세 이상 인구의 증가로 고령화가 빠르게 진전되어 왔습니다.

이에 더하여 한국은 출산율이 세계최저수준으로 낮아져, 고령화의 빠른 진전을 더욱 조장하여, 한국은 고령화마저 세계최고속도로 진전되고 있습니다.

이처럼 고령화의 빠른 진전으로 많은 문제점이 야기되고 있습니다. 왜냐하면 고령화에 대해 미처 준비를 갖추지 못한 상황에서 고령화를 맞이하였기 때문입니다.

그래서 '장수'가 인류의 오랜 염원이지만, 안타깝게도 고령화의 빠른 진전을 마냥 반길 수만은 없는 상황이 아닙니다. 이를 뒤에서 자세히 살펴봅니다.

차제에 한국 고령화의 진행속도를 살펴봅니다.

한국은 2007년에 고령 인구비율 7.3%로 처음 고령화사회로 진입하여, 현재(2017년) 13.8%입니다. 2018년에는 고령사회, 2026년에는 초고령사회로 진입할 것으로 보입니다.

이는 일본이 고령화사회(1970년)에서 고령사회(1994년)로, 고령사회에서 초고령사회(2006년)로 변하는 데 각각 24년, 12년 걸린 반면, 한국은 18년, 8년밖에 안 걸리는 셈입니다.

이는 기대수명의 증가와 저출산이 만성화되면서, 한국의 고령화가 예상보다 빠른 속도로 진전되고 있기 때문입니다.

지금처럼 고령화가 급속히 진행될 경우, 한국은 2060년에 40.1%로 일본을 앞설 것으로 보입니다.

이를 각도를 달리하여 나이지도라 할 수 있는 중위연령(전체 인구의 딱 가운데 나이)을 살펴보면 중위연령의 증가로 나타나고 있습니다. 예를 들어 살펴봅니다.

1980년에 26세이던 중위연령이 2015년엔 41세로 나타났고, 오는 2050년엔 53.4세가 될 전망입니다. 따라서 1980년에 20대가 하던 일을 2050년엔 50대가 해야 합니다. 이처럼 중위연령이 빠르게 높아진다는 것은 국가가 그만큼 빠르게 늙어가고 있다는 것을 의미합니다.

이제 고령화는 저출산과 더불어 한국사회의 최대의 난제가 되었습니다. 따라서 이에 대한 효과적인 대안의 마련이 매우 시급한 상황입니다.

　지금까지 살펴본 바와 같이 한국의 경우, 저출산과 고령화가 늦게 진행되었음에도 불구하고 진행속도가 너무 빨라, 저출산 및 고령화의 선행국가들과 거의 동시대에 전개되고 있습니다.

　이는 타국으로부터 보고 배울 것이 없음을 의미합니다. 다시 말해 한국의 경우, 저출산과 고령화를 대응함에 있어 창의적이고 혁신적인 대안이 필요하다는 것을 의미입니다. 이점을 유념해야합니다.

Section

03
그간 저출산의 대응

● 엄청난 투자에 비해 효과는 미미합니다

앞에서 살펴본 바와 같이 세계 최저수준의 출산율과 세계 최고속도의 고령화 진행으로 한국사회의 지속 발전 가능성에 대한 우려의 목소리가 높아졌습니다.

이에 따라, 정부는 저출산 및 고령화 문제에 시급히 대처하지 않으면 안 된다고 생각하였습니다. 왜냐하면, 저출산·고령화 대책의 효과가 나타나기까지는 장기간이 소요되기 때문입니다.

다시 말해 출산율이 회복되더라도 그 세대가 경제활동인구에 편입되어 사회적 부양 부담 완화 등 고령화 문제를 해소하기까지는 상당한 시차가 존재하기 때문입니다.

이에 정부는 저출산·고령화 문제에 본격 대응하기 위하여 범국가적 추진체계를 늦게나마 서둘러 구축하고, 관련 정책과제를 발굴하여 시행 중에 있습니다.

그간 저출산의 대응 과정

한국 정부는 2004년 저출산·고령화 문제를 국가적 과제로 설정하였고, 2005년 저출산·고령사회기본법'을 제정하고 '저출산·고령화위원회'을 설치하였습니다.

그리고 저출산·고령사회 기본계획을 수립, 제1차(2006~2010) 및 제2차(2011~2015) 계획은 추진하였고, 제3차(2016~2020) 계획은 이제 시작 중입니다.

그럼, 그간의 추진사항을 살펴봅니다. 여기서는 저출산 분야 위주로 살펴봅니다. (고령화 분야는 뒤에서 살펴봅니다.)

첫 번째, 제1차 계획(2006~2010년)의 추진사항을 살펴봅니다. 정책의 주요대상은 저소득 가정에 두고, 정책영역은 보육지원에 중심을 두고, 19.7조원의 재정을 투입하였습니다.

이는 저출산의 주요 원인인 결혼연령의 상승 및 출산 자녀 수의 감소 등이 소득 불안정, 일과 가정의 양립 곤란, 자녀양육부담, 여성들의 자아성취욕구 등에서 기인한다고 보았기 때문입니다.

두 번째로 제2차 계획(2011~2015년)의 추진사항을 살펴봅니다. 정책의 주요대상은 맞벌이 가정 등에 두고, 정책영역은 일과 가정의 양립 등에 두고, 60.5조원의 재정을 투입하였습니다.

이는 저출산의 주요원인이나 그 이유를 1차 때와 유사하다고 보았기 때문입니다. 그래서 제1차 때와 마찬가지로 출산과 양육에 유리한 환경 조성에 매진하였습니다.

세 번째로 이제 시작 중인 제3차 계획(2016~2020년)은 목표를 '아이와 함께 행복한 사회'에 두고, 108.4조원(추계)이 투입, 합계 출산율을 1.5명('20)으로 올리겠다는 계획입니다.

저출산의 주요 원인은 1, 2차 때와 유사하지만, 그간의 대응이 미흡하다고 보고, 저출산 대응의 패러다임을 청년취업지원, 주거지원, 교육개혁 등으로 전환하여 추진 중입니다.

그럼, 그간 계획의 추진 결과를 살펴봅니다.

정부는 1, 2차 결과에 대해, "지난 10년간 저출산 극복을 국가적 과제로 설정하고, 적극적인 투자를 한 결과, '1.08 쇼크('05년, 역대 최저 합계 출산율)' 이후 더 이상 출산율이 떨어지지 않고 1.2명대로 회복하였다."고 자평하였습니다.

이어서 "다만, 세계금융위기 등 외부환경과 더불어 만혼 심화 등으로 합계 출산율이 본격적인 반등세로 전환되지 못하고 초저출산현상이 지속되는 게 아쉽다."라고 하였습니다.

그러나 많은 이들이 1,2차 결과에 대해, "10년간 약 80조원을 투입하였음에도 불구하고 초저출산 현상이 지속되어, 1, 2차 계획은 실효성 측면에서 매우 미흡하였다."고 보았습니다.

다만, 제1, 2차 계획의 시행으로 출산 및 양육에 대한 국가 및 사회의 책임을 강화한 점 등은 긍정적으로 보았습니다.

특히 제3차 계획의 내용에 파격적인 대책이 없자, 그간 추진하였던 계획(1, 2차)과 관련하여 비판의 목소리가 컸습니다. 이에 그간의 문제점을 살펴봅니다.

그간 저출산 대응의 문제점

제1, 2, 3차 기본계획에서 많은 이들의 노고가 느껴집니다. 이에 관련자들의 그간 노고에 대해 진심으로 경의를 표합니다.

그러나 10년간 약 80조원을 투입하였음에도 불구하고 출산율이 올라가지 않은 점에 대해선 매우 안타깝게 생각합니다. 정말로 실효성 측면에선 아쉽습니다.

이에 저출산의 주요 원인, 대응계획, 문제인식 등을 살펴봅니다. 왜냐하면, 세 측면이 정확해야 문제를 제대로 해결할 수 있기 때문입니다.

첫 번째, 저출산의 주요 원인에 대해 살펴봅니다.

문제를 해결하기 위해선, 원인파악이 우선입니다. 그런데 저출산의 원인을 막연하게 일반적으로 생각하고, 정책영역을 보육지원(1차) 및 일과 가정의 양립(2차)에 두고 추진하였습니다.

그 결과, 10년간 80조원을 투입하였으나, 효과가 거의 나타나지 않았습니다. 따라서 저출산의 원인을 철저하게 파악하여 대응해야 합니다. (제2장 참조)

두 번째, 저출산의 대응 계획에 대해 살펴봅니다.

대응계획은 사실상 전략전술과 같습니다. 그러므로 대응계획에는 목표, 책임, 재정 등의 핵심사항을 제대로 반영하여야 합니다. 그런데 그간 그렇지 못했습니다.

그 결과, 10년간 엄청난 노력에도 불구하고 저출산은 개선되지 않았습니다. 따라서 대응계획에 핵심사항을 제대로 반영하여 대응해야 합니다. (제3장 참조)

세 번째, 저출산의 문제 인식에 대해 살펴봅니다.

저출산의 문제는 생태계에서 신생개체수가 감소하는 생존문제이므로, 생존 차원에서 다루어야 합니다. 그런데 그간 저출산을 단순한 복지문제로만 인식하고, 대응해 왔습니다.

이처럼 저출산을 오인하고 대응한 결과, 지난 10년간 많은 투자를 하였음에도 불구하고, 저출산은 개선되지 않았습니다. 따라서 저출산의 대응인식을 즉각 전환해야 합니다. (제4장 참조)

차제에 그간의 저출산·고령사회 기본계획을 간추려봅니다.

백화점식 대책이라는 비판에도 불구하고, 이 계획서들은 한국의 저출산 및 고령화와 관련한 사안들을 거의 다 망라한 매우 의미 있는 계획서들이기 때문입니다.

○ 제1차 저출산·고령사회기본계획(2006~2010)

1차 계획은 "모든 세대가 함께 하는 지속발전가능 사회 구현"의 비전 달성을 위하여 "출산·양육에 유리한 환경 조성 및 저출산 · 고령사회 · 대응기반 구축"에 목표를 두고 추진하였습니다.

재정은 저출산 대응에 19.7조원, 고령사회 대응에 15.9조원, 성장 동력 확보에 6.7조원 등 총 42.2조원이 투입되었습니다.

중점과제를 살펴보면

- 출산과 양육에 장애가 없는 환경조성 분야에 96개,
- 고령사회 삶의 질 향상 기반 구축 분야에 66개,
- 저출산 · 고령사회의 성장동력 확보 분야에 71개,
- 저출산 · 고령사회 대응 사회적 분위기조성 분야에 4개 등
- 총 4대 분야 237개 과제로 구성되었습니다.

○ 제2차 저출산 · 고령사회기본계획(2011~2015)

2차 계획은 "저출산 · 고령사회에 성공적인 대응을 통한 활력 있는 선진국가 도약"의 비전 달성을 위해 "점진적 출산율 회복 및 고령사회 대응체계 확립"에 목표를 두고 추진하였습니다.

재정은 저출산 대응에 60.5조원, 고령사회 대응에 40.8조원, 성장 동력 확보에 8.6조원 등 총 109.9조원이 투입되었습니다.

중점과제를 살펴보면,

- 출산과 양육에 유리한 환경 조성에 95개,
- 고령자의 삶의 질 향상 기반 구축에 78개,
- 성장 동력 확보 및 분야별 제도개선에 58개 등
- 총 3대 분야 231개 과제로 구성되었습니다.

○ 제3차 저출산·고령사회기본계획(2016~2020)

3차 계획은 은 '모든 세대가 함께 행복한 지속발전사회 구현'의 비전 달성을 위해 '아이와 함께 행복한 사회 및 생산적이고 활기찬 고령사회'에 목표를 두고 추진 중에 있습니다.

재정(추계)은 저출산 대책에 108.4조원, 고령사회 대책에 89.1조원 등 총 197.5조원이 투입될 계획입니다. 추진대책은 저출산 대책, 고령사회 대책 등으로 구성되었습니다.

저출산 대책을 요약하면,

- 청년일자리·주거지원 대책강화, 난임 등 지원강화,
- 맞춤형 돌봄 확대·교육 개혁,
- 일·가정양립 사각지대 해소 등을 추진전략으로 하여,
- 합계출산율을 1.21명('14)에서 1.5명('20)으로 올리는 것입니다.

고령사회 대책을 요약하면,

- 노후 소득보장 강화, 활기차고 안전한 노후 실현,
- 여성, 중·고령자, 외국인력 활용 확대,
- 고령친화경제로의 도약 등을 추진전략으로 하여,
- 노인빈곤율을 49.6%('14)에서 39%('20)으로 내리는 것입니다.

상기 계획서들이 실효성 차원에서 문제점이 계속 제기되고 있는 점이 안타깝습니다. 이에 상기 계획서들의 미흡한 문제점들을 조속히 보완시켜 추진하기를 기대합니다.

제2장

한국
저출산의
원인

많은 이들이 저출산은 경제·사회적으로 많은 문제를 야기하여 삶의 질을 저하시킬 뿐만 아니라, 심지어 저출산의 추세를 이대로 두면 국가가 소멸될 수 있다고 경고하고 있습니다.

그러나 한국은 1998년 합계출산율 1.45명으로 저출산 국가가 되었고, 2001년 1.297명으로 초저출산 국가로 내려간 후 아직 이를 벗어나지 못하고 있습니다.

이는 여간 심각한 일이 아닙니다. 따라서 한국이 저출산 국가를 벗어나기 위해서는 특별한 사정이 없는 한, 한국의 젊은이들이 모두 결혼을 해서 가정마다 자녀를 2명 정도는 낳아야 합니다.

이와 같이 심각한 상황임에도 불구하고, 한국에선 결혼을 미루는 젊은이들이 늘어나고, 또 결혼을 하더라도 아이를 한명만 낳거나 아예 아이 낳기를 포기하는 가정이 늘어나고 있습니다.

그래서 결혼연령이 높아지고, 아이가 둘 이상 되는 가정은 줄어들고 있습니다. 이는 전형적인 저출산의 추세입니다. 이에 그 원인을 조속히 분석하여 대응해야 합니다.

그러나 저출산의 원인은 파악하기가 간단치 않습니다. 출산에 대한 상황과 인식 및 입장 등이 국가 및 개인마다 다르고 시대마다 변해 왔기 때문입니다.

그런데 그간 한국은 '외국의 저출산 대응사례'를 인용하여 저출산의 원인이 주로 보육분야 등에서 기인하는 것으로 여기고, 이에 맞춰 저출산을 대응해 왔습니다.

그 결과, 10년간 80조원을 투입하였음에도 불구하고 저출산은 개선되지 않았습니다. 이제 한국의 실정에 맞는 대안을 조속히 수립하여 대응해야 합니다.

이를 위해선 무엇보다 먼저, 한국 저출산의 원인부터 정확히 파악해야합니다. 다소 귀찮지만, 한국 저출산의 원인을 파악하는데 도움이 될 수 있는 참고 자료들을 구할 수 있습니다.

먼저, 정부 및 연구기관 등에선 저출산과 관련하여 설문조사 및 연구 등을 수행하고 그 결과를 발표하고 있습니다. 관련 참고문헌도 있습니다. 인터넷엔 관련 자료들이 꽤 있습니다.

다음, 언론은 저출산 관련 기사 및 기고문 등을 수시로 보도합니다. 저출산 관련 대화도 자주 듣게 됩니다. 저는 근래 인구가 줄어드는 지방에서 7년간 지낸 바 있습니다.

이에 설문조사, 연구발표, 참고문헌, 인터넷자료, 언론보도, 기고문, 주변의 화제, 근래 지방거주경험 등을 토대로 저출산의 원인을 제 나름대로 살펴보았습니다.

살펴본 결과, 각기 처한 입장에 따라 저출산의 원인이 다소 달랐습니다. 예를 들어 봅니다.

먼저, 미혼자들은 저출산 현상을 결혼환경의 악화 때문이라고 주장했습니다. 이는 주로 취업분야의 불안 및 주거분야의 불안에 의한 영향에서 기인한다고 보았습니다.

즉, 미혼자들은 이성과 동거가 불편해서 의도적으로 결혼을 미루는 것이 아니라, 취업이 힘들고 집값이 너무 비싸, 결혼준비가 힘들어 결혼을 미루는 것이라고 하였습니다.

다음, 기혼자들은 저출산 현상을 육아환경의 악화 때문이라고 주장했습니다. 이는 주로 교육분야의 불안 및 보육분야의 불안에 의한 영향에서 기인한다고 보았습니다.

즉, 기혼자들은 아이를 싫어해서 의식적으로 적게 낳는 게 아니라, 교육비가 엄청나게 비싸고 아이 돌봄이 너무 힘들어, 아이를 적게 낳는다고 하였습니다.

또한, 적지 않은 사람들이 저출산 현상을 주위환경의 악화 때문이라고 주장했습니다. 간접적이지만 노후분야의 불안 및 지역분야의 불안에 의한 영향에서 기인한다고 보았습니다.

왜 그러냐 하면, 주위에 불안하게 보내는 노인들이 많은 경우에는 젊은이들의 출산 의욕에 영향을 주고, 취업 및 교육 기회 등이 열악한 지방에 사는 경우에 도시보다 결혼이 힘들기 때문입니다.

그래서 이는 노인들과 관련이 있거나, 지방에 사는 사람들이 선정한 것으로 보입니다. (이해가 안 되시는 독자들께서는 좀 더 읽어내려 가시기 바랍니다. 곧 이해되실 것입니다.)

지금까지 살펴본 바를 정리합니다.

많은 이들이 한국 저출산 현상은 주로 '결혼이나 육아, 주위 환경' 등이 악화된 때문이라고 주장했습니다. 이에 이들 '3개의 환경'을 한국에서 가장 중요한 출산요건이라고 정의할 수 있습니다.

또한, 많은 이들이 '3개 환경'이 악화된 주요 원인을 사회의 제반분야 중 특히 '고용, 주거, 보육, 교육, 노후, 지역분야 등의 불안'(이하 '6개 분야의 불안'으로 표기) 때문으로 보았습니다.

이에 '6개 분야의 불안'은 '3개 환경'을 악화시키는 주요 원인인 동시에 사실상 한국 저출산의 핵심 원인인 것입니다. 이는 한국 저출산의 중요한 원인이 6개나 됨을 의미합니다.

더욱이 이들 6개 분야는 속성상, 한 개 분야에서라도 직접이든 간접이든 일단 불안을 겪게 되면 정도의 차이는 있을지언정 거의 저출산으로 이어집니다. 이에 동시에 대응해 나가야 합니다.

예를 들어봅니다. 이는 구멍이 6개가 뚫린 항아리나 독에 비유할 수 있습니다. 이에 독에 물을 가득 채우기 위해서는 6개의 구멍을 다 메워야합니다.

독의 6개의 구멍은 가능한 동시에 빨리 메우는 것이 효과적입니다. 왜냐하면 6개의 구멍을 동시에 빨리 메울수록 그만큼 누수현상을 줄일 수 있기 때문입니다.

따라서 한국 저출산 해결의 관건은 6개 분야의 불안을 어떻게 거의 동시에 해소하느냐에 달려 있다 하겠습니다. 이에 우선 이번 장에선 6개 분야의 불안에 대해 살펴봅니다.

제1절에선 미혼자들이 지적한 결혼환경을 악화시키는 취업 및 주거분야의 불안에 대해 살펴봅니다.

제2절에선 기혼자들이 지적한 육아환경을 악화시키는 교육 및 보육분야의 불안에 대해 살펴봅니다.

제3절에선 위 들 이외의 많은 사람들이 지적한 주위환경을 악화시키는 노후 및 지역분야의 불안에 대해 살펴봅니다.

01
결혼환경 관련 원인(취업 · 주거 불안)

● 결혼준비 하기가 너무 힘듭니다

한국에서 출산율을 올리기 위해선 좋은 결혼환경의 조성이 중요합니다. 왜냐하면 결혼을 해야 아이를 정상적으로 낳아 기를 수 있기 때문입니다. 즉, 국가출생아 수의 수십 %를 동거로 낳는 나라도 있지만, 한국은 수%에 불과하기 때문입니다.

이에 한국에서 출산율을 올리기 위해선 결혼이 우선입니다. 그런데 한국에선 결혼을 미루거나 기피하는 젊은이들이 늘어나고 있습니다. 이는 취업 및 주거분야의 불안으로 인한 영향이 가장 큽니다.

이에 미혼의 젊은이들이 취업 및 주거에 대해 갖는 불안은 아주 심각한 수준입니다. 따라서 취업 및 주거분야의 불안을 조속히 해소해야합니다. 이에 이번 절에선 결혼환경 악화의 주원인인 취업 및 주거분야의 불안에 대해 살펴봅니다.

취업분야의 불안

한국에선 취업난으로, 일자리를 구할 때까지 불안 속에서 지내는 젊은이들이 많습니다. 이러한 '취업분야의 불안'(이하 '취업불안'으로 표기)은 다른 분야로 파급되는 경우가 적지 않습니다.

첫 번째, 취업불안에 대해 살펴봅니다.

한국은 취업여건이 매우 열악하여, 고용상태가 매우 심각한 수준입니다. 이에 한국의 언론들은 한국의 고용상태의 심각성에 대해 자주 보도해 왔습니다.

예를 들면, 인턴도 하늘의 별따기이고, 대졸 백수가 300만명이고, 비정규직은 정규직의 절반인 800만명이나 되고, 심지어 세상을 등지는 경우까지 있다고 하였습니다.

이와 같이 한국에선 제대로 된 일자리 구하기가 매우 힘들어, 상당기간 비정규직 및 미취업 등으로 지내는 젊은이들이 많습니다.

그래서 많은 젊은이들이 제대로 된 일자리를 구할 때까지 장기간 일상적 불안 속에서 지냅니다. 이를 바라보는 부모들의 마음도 불안하기는 자녀들과 마찬가지입니다.

이러한 상황에선 일자리 구하기가 당연히 결혼보다 우선하게 됩니다. 다시 말해 일부러 결혼을 안 하는 것이 아니라, 마지못해 취업 뒤로 결혼을 미루는 것입니다.

이처럼 취업불안은 삶의 질을 저하시키고, 결혼환경을 악화시켜 저출산으로 이어집니다. 이에 미혼자들은 저출산의 지속 이유로 취업불안을 첫 번째로 꼽습니다.

두 번째, 취업불안의 파급 영향에 대해 살펴봅니다.

취업불안은 파급 영향이 매우 큽니다. 왜냐하면 일자리는 생계의 원천이기 때문입니다. 그래서 결혼환경 외에도 육아환경 및 주위환경 등을 악화시킵니다. 이를 살펴봅니다.

우선, 취업불안이 육아환경을 저하시키는 현상을 살펴봅니다. 교육의 정점에 있는 대학을 졸업해도 거의 반이 미취업 상태입니다. 이런 상태에선 사교육이 판을 칠 수 밖에 없습니다.

이렇게 되면 취업불안이 교육 및 보육불안 등과 뒤엉키면서 육아환경을 악화시킵니다. 이는 삶의 질 및 출산율을 크게 저하시키는 요인으로 작용합니다.

다음, 취업불안이 주위환경을 저하시키는 현상을 살펴봅니다. 실직 후 취업난으로 재취업을 못하는 경우가 허다하고, 지방에선 취업난으로 정든 고향을 떠나는 경우가 적지 않습니다.

이에 취업불안이 노후 및 지역분야 등에서 불안을 야기하여 주위환경을 악화시킵니다. 이러한 주위환경의 악화는 젊은이들에게 영향을 주어 저출산으로 이어집니다.

이와 같이 취업불안이 결혼, 육아, 주위 환경 등을 악화시키자, 미취업의 젊은이들은 "연애, 결혼, 출산을 물론 꿈도 포기했다. 한국은 헬조선이다."라고 사회를 원망합니다.

따라서 빨리 일자리를 대량 창출하여 젊은이들의 취업불안을

조속히 해소시켜야합니다. (제5장에서 대안제시)

차제에 일자리의 의의에 대해 살펴봅니다.

전문가들은 일자리는 개인, 사회, 상생 측면에서 매우 중요하다고 크게 강조합니다. 이에 전문가들이 강조하는 일자리의 중요성에 대해 살펴봅니다.

먼저, 개인 측면에서 살펴봅니다.

현대사회에선 임금으로 의식주를 마련합니다. 이는 일자리가 생계의 원천임을 의미합니다. 즉, 현대사회에서 일자리는 의식주를 마련해주는 생계의 원천입니다. 이처럼 일자리는 한 개인, 나아가 한 가정의 생계가 달린 매우 중요한 사항입니다.

다음, 사회 측면에서 살펴봅니다

일자리가 충분하면 고용이 안정되어 삶의 질과 출산율이 향상되어 사회가 안정되는 반면, 일자리가 부족하면 소득양극화로 삶의 질과 출산율이 저하되어 사회가 불안해집니다. 이처럼 일자리는 사회의 안정과 연관된 매우 중요한 사항입니다.

또한, 상생 측면에서 살펴봅니다.

소득격차(부의 불평등)로 인해 교육격차(교육의 불평등)가 벌어져 사회격차(사회의 불평등)를 공고히 합니다. 이에 소외계층에 일자리를 제공하여 함께 잘 살게 하면. 소득격차가 크게 해소될 것입니다. 이것이야말로 진정한 부의 분배이고 불평등의 개선이며, 또한 진정한 저비용 및 고효율인 것입니다.

이와 같이 일자리는 개인 및 사회 측면에서 뿐만 아니라 상생

측면에서도 매우 중요합니다.

이어서 '수출과 내수' 및 '성장과 소비' 측면을 살펴봅니다. 왜 냐하면 이를 살펴보는 것이 취업불안을 이해하는데 많은 도움 이 되기 때문입니다.

○ 수출과 내수 분야

국가경제규모와 국민평균소득은 다소나마 성장하는데, 시장 에선 일자리 구하기가 매우 힘든 상황입니다. 이의 원인을 수출 과 내수 분야로 나누어 살펴봅니다.

첫 번째, 수출 분야를 살펴봅니다.

그간 한국의 기업들은 수출을 엄청나게 증가시켜 왔습니다. 이 로 인해 한국 경제는 크게 성장하면서, 일자리를 많이 창출하였 습니다. 즉, 그간 수출은 일자리 증대에 크게 기여하였습니다.

그러나 갈수록 치열해지는 무역전쟁에서 승리하기 위해 기업 들은 인력대신 기계화·전산화 등으로 효율을 높여 경쟁력을 지 속적으로 확보하지 않으면 안 되는 상황이 되었습니다.

상황이 이와 같이 변화되자, 수출이 한국의 경제를 지탱하고 있는 버팀목임에는 변함이 없지만, 수출에 의한 많은 일자리 증 대는 더 이상 기대하기 힘들게 되었습니다.

이러한 무한경쟁 속에서 선전하는 수출기업들에게 진심으로 경의를 표합니다. 4차 산업혁명은 무한경쟁을 더욱 부채질할 것입니다. 수출기업들의 건투를 기원합니다.

두 번째, 내수 분야를 살펴봅니다.

위와 같이 예전처럼 수출에 의한 일자리 창출이 어려워지면서, 이제는 내수 분야에서 많은 일자리를 늘려야 하는 상황이 되자, 내수의 중요성이 크게 증대되었습니다.

그러나 내수분야에서도 일자리 증대가 쉽지 않게 되었습니다. 이는 그간 내수분야의 고용환경이 여러 변화 요인에 의해 크게 변화되었기 때문입니다. 이의 요인들은 경쟁의 심화, 시대의 변화, 저출산의 지속 현상 등 다양합니다.

먼저, 경쟁의 심화현상을 살펴봅니다. 일부 대기업들이 내수분야에 뛰어들어 불공한 경쟁과 독식으로 부의 양극화를 심화시켰습니다. 이는 내수시장의 분배기능을 저하시켜 내수분야의 고용여건을 악화시켰습니다. 이는 일자리의 감소로 이어졌습니다.

예를 들면, 대기업은 대형마트 등을 앞세워 고용의 텃밭인 전통시장, 골목상권, 자영업 등을 붕괴시키고 있습니다. 이로 인해 전통시장은 10년간 매출이 반 토막 났습니다.

동네 문방구가 10년 새 9,000개가 사라졌습니다. 동네 빵집이 9년 새 1만 4,000개가 몰락했습니다. 골목식당도 죽어나가고 있습니다. 이외에도 많은 중기와 자영업들이 붕괴되었습니다.

상황이 이와 같이 되자 많은 사람들과 언론이 이를 성토했습니다. 예를 들면, 승자독식, 불공정거래행위, 부당내부거래행위, 탐욕경영, 경쟁만 쫓는 행태 등을 맹비난하고 골목상권을 넘보지 말라고 경고했습니다.

이와 같이 일부 대기업이 내수시장에서 경쟁과 독식을 마음 놓고 할 수 있었던 것은, 이를 제재할 책임이 있는 정부 기관들의 일부 직원들이 부정부패와 부도덕으로 대기업들의 횡포와 탐욕을 방임하였기 때문입니다.

비록 일부 공직자들에 의한 것이라고 하지만, 이에 대해 많은 이들이 크게 분노했습니다. 예를 들면 유럽위기의 한 축인 "그리스의 명을 재촉한 것도 부패와 부도덕" 때문이라고 경고하면서, 부정부패 등을 엄단할 것을 촉구했습니다.

불공정한 경쟁을 한 일부 대기업들과 이를 방임한 공직자들에 대해 제재를 하고 이와 관련된 제도를 개선한다고 하지만 내수분야가 예전처럼 회복되기가 쉽지 않아 보입니다.

다음, 시대의 변화현상을 살펴봅니다.

시대의 변화는 고용환경에 긍정적인 영향을 주는 경우도 있지만, 부정적인 영향을 주는 경우도 적지 않습니다.

예를 들면 저성장시대의 도래, 고령화의 빠른 진행 등은 고용환경에 부정적인 영향을 주어, 내수분야의 고용환경을 악화시켜, 일자리의 확충을 어렵게 합니다.

한국도 싫든 좋든 어느덧 선진국이 되어 저성장시대로 접어들었습니다. 저성장시대로 접어들면 제반환경의 변화로 인해 일자리가 전처럼 크게 늘어나지 않습니다.

한국은 고령화가 매우 빠르게 진행되고 있습니다. 고령화시대로 접어들면 인간의 수명 연장과 더불어 정년이 연장되어 고용환경이 변화됩니다. 이로 인해 일자리가 크게 비지 않습니다.

한국도 인력 대신 과학기술을 활용하는 기업들이 늘어나고 있습니다. 이는 효율적인 면에서 과학기술을 활용하는 것이 인력보다 저렴할 경우가 늘어나고 있기 때문입니다.

차제에 과학기술의 발전에 대해 간략하게 살펴봅니다. 과학기술의 발전은 사람들에게 많은 이익을 가져다줍니다. 그렇지만 경영과 고용 측면에서 볼 때, 아이러니하게도 양날의 칼입니다.

왜냐하면 발전된 과학기술을 활용하지 않으면 기업이 경쟁에서 밀려나게 되고, 과학기술을 활용하게 되면 인력이 밀려나게 되는 경우가 적지 않기 때문입니다.

그런데 내수시장에서도 경쟁이 갈수록 치열해져, 무엇보다 효율이 중요한 상황이 되었습니다. 이에 기업들은 살아남기 위해, 과학기술을 활용하여 효율을 높이지 않으면 안 되게 되었습니다.

한국은 내수 분야에서도 수출 분야에서와 같이 경쟁의 심화로 기업들이 인력대신 기계화·전산화 등을 선택하는 경우가 늘어나고 있습니다.

이제 인력대체의 과학기술방식이 개발될 때마다 인력은 뒤로 밀려나게 되는 상황이 되었습니다. 4차 산업혁명도 전문가들은 고용측면에서는 상당기간 낙관적으로 보지 않습니다.

이에 따라서 기업의 인력구조에 많은 변화가 예상됩니다. 예를 들면, 은행의 하부구조인 지점들은 과학기술의 발전 등에 의해 큰 변화가 예상됩니다.

또한, 저출산의 지속현상을 살펴봅니다. 저출산의 지속으로 출생아 수가 계속 감소해 왔습니다. 이는 국내시장의 수요를 계속 감소시켜, 고용여건을 계속 위축시켜 왔습니다.

예를 들면, 출생아수가 1990년엔 약 65만 명이 태어났고, 2010년엔 약 47만 명이 태어났습니다. 이처럼 출생아 수가 20년 만에 무려 약 18만 명이나 감소되었습니다.

이는 국내시장에서 아이와 관련이 많은 분야의 수요를 계속 감소시켜, 은연중 고용여건을 악화시켜 일자리의 감소로 이어져 왔음을 의미합니다.

지금까지 살펴본 바와 같이 한국은 국가경제규모와 국민평균소득은 다소나마 성장함에도 불구하고, 제반 요인의 변화로 수출은 물론 내수분야에서도 고용여건이 크게 저하되어, 취업난이 심화되고 있습니다. 이에 청년들이 무척 힘들어하고 있습니다.

O 성장과 소비 측면
첫 번째, 성장측면을 두드려봅니다.

성장측면을 두드려 보는 이유는, 일반적으로 경제 성장은 생산과 소비의 활발한 전개로 고용을 크게 증대시키기 때문입니다. 즉, 일자리 창출의 지름길이 경제 성장이기 때문입니다.

그런데 한국의 경우, 당장 성장측면에서 일자리 확충이라는 돌파구를 찾기가 쉽지 않아 보입니다.

왜냐하면 기업들의 투자가 따르지 않을 뿐만 아니라 현재 한국의 경제상황이 성장절벽이라고 할 정도로 장기저성장 추세가 확연하기 때문입니다.

두 번째, 소비측면을 두드려봅니다.

소비측면을 두드려 보는 이유는, 일반적으로 소비(수요)가 증가하면 생산(공급)이 늘어나면서 고용을 증가시키고, 이로 인해 소득이 생겨서 다시 소비(수요)를 증가시켜, 선순환하면서 경기가 살아나 고용을 증대시키기 때문입니다.

그런데 한국의 경우, 당장 소비측면에서 일자리 창출이라는 돌파구를 찾기가 어려워 보입니다. 왜냐하면 한국은 국내외 불확실성, 청년소득감소 등으로 현재 경제상황이 소비절벽이라고 할 정도로 소비자의 심리가 매우 위축되어 있기 때문입니다.

이처럼 한국은 제반요인의 영향으로 성장과 소비측면에서 일자리를 대량으로 창출할 수 있는 돌파구를 찾기가 힘듭니다.

지금까지 고용불안의 원인을 수출과 내수, 성장과 소비 측면으로 나누어 살펴보았습니다. 고용의 원천은 말라가는데 새로운 샘물은 보이지 않습니다. 특단의 탐사가 필요한 상황입니다.

다만, 한국은 국가경제규모와 국민평균소득이 다소나마 매년 늘어나고 있음에도 불구하고, 어려운 사람들이 늘어나는 것은 제반요인의 영향에 의해 양극화(부, 소득)가 심화됨을 의미합니다.

따라서 새로운 고용의 샘물은 몇 사람이 많이 마실 수 있는 샘물보다는 여럿이 맛있게 나누어 먹을 수 있는 샘물을 찾는데 주력해야 할 것입니다.

주거분야의 불안

한국에선 주택난으로, 집을 구할 때까지 불안해하는 젊은이들이 많습니다. 이러한 '주거분야의 불안'(이하 '주거불안'으로 표기)은 다른 분야로 파급되는 경우가 적지 않습니다.

첫 번째, 주거불안에 대해 살펴봅니다.

한국에서는 열악한 주거여건으로 인한 주거불안이 매우 심각한 수준입니다. 이에 한국의 언론들은 한국의 주거상황의 심각성과 관련하여 자주 보도하였습니다.

예를 들면, 월급보다 양육비·집값이 더 솟고, 예비부부들이 살림집을 못 구해 결혼 미루는 등 주택 마련비용의 상승이 출산율의 저하를 초래하고 있다고, 하였습니다.

이처럼 한국에선 집값이 비쌀 뿐만 아니라 월급 증가율보다 집값 상승률이 더 높아 집을 구하기가 쉽지 않아, 젊은이들의 입장에선 "집은 그림의 떡"일 뿐입니다.

이에 많은 젊은이들이 주거문제가 해결될 때까지 상당기간 날마다 불안해합니다. 즉, 장기간 일상적 불안 속에서 지냅니다. 이러한 상황에선 주거마련이 당연히 결혼보다 우선하게 됩니다.

그래서 젊은이들이 살림집을 못 구해 결혼을 미루는 경우가 적지 않습니다. 이러한 충격은 엄청난 것입니다. 이는 자녀들이 불안해하는 모습을 바라보는 부모들의 삶의 질까지 저하시킵니다.

이처럼 주거불안은 삶의 질을 저하시키고, 결혼환경을 악화시켜 저출산으로 이어집니다. 이에 기혼자들은 저출산이 야기되는 주요한 이유로 주거불안을 꼽습니다.

두 번째, 주거불안의 파급 영향에 대해 살펴봅니다.

주거불안은 파급 영향이 매우 큽니다. 왜냐하면 주거는 삶의 보금자리이기 때문입니다. 그래서 결혼환경 외에도 육아환경 등을 악화시킵니다. 이를 살펴봅니다.

그럼, 주거불안이 육아환경을 악화시키는 현상을 살펴봅니다. 주거문제는 미혼의 젊은이들에게만 국한된 게 아닙니다. 이미 결혼을 한 젊은 부부들도 집이 좁아, 아이를 하나만 낳거나 아이 갖기를 미루는 경우가 적지 않습니다.

이처럼 주거불안과 보육불안이 중첩되면 육아환경을 크게 악화시켜, 삶의 질과 출산율을 크게 저하시킵니다. 따라서 주거불안을 조속히 해소시켜야 합니다. (제5장에서 대안제시)

차제에 주거안정의 중요성에 대해 살펴봅니다.

전문가들은 주거안정은 개인, 사회, 상생 측면에서 매우 중요하다고 크게 강조합니다. 이에 전문가들이 강조하는 주거안정의 중요성에 대해 살펴봅니다.

먼저, 개인 측면에서 살펴봅니다.

주거는 삶의 보금자리입니다. 그래서 인간다운 삶을 영위하기 위해서는 주거 마련은 필수적입니다. 이에 신혼부부들은 그들만의 행복을 위한 안정된 주거공간을 원합니다. 이처럼 주거안정은 한 가정의 행복과 관련된 매우 중요한 사항입니다.

다음, 사회 측면에서 살펴봅니다.

주거가 안정되면 삶의 질과 출산율이 향상되어 사회가 안정되는 반면, 주거가 불안하면 삶의 질과 출산율이 저하되어 사회가 불안해지는 것이 일반적인 현상입니다. 이처럼 주거안정은 사회의 안정과 연관된 매우 중요한 사항입니다.

또한, 상생 측면에서 살펴봅니다.

주거 여건을 향상시켜 가난한 이들이 주거안정으로 모두가 행복한 가정을 이루게 되면. 사회격차(사회의 불평등)가 크게 해소될 것입니다. 이것이 진정한 부의 양극화 및 불평등의 개선이며, 진정한 저비용 및 고효율인 것입니다.

이와 같이 주거안정은 개인 및 사회 측면에서 뿐만 아니라 상생 측면에서도 매우 중요합니다.

Section

02
육아환경 관련 원인(보육 · 교육 불안)

● 아이 키우기가 매우 어렵습니다

출산율을 올리기 위해선 좋은 육아환경이 매우 중요합니다. 왜냐하면 아이를 잘 기를 수 있는 환경이 되어야, 아이를 망설이지 않고 낳을 수 있기 때문입니다.

그런데 한국에서는 육아환경이 매우 열악하여, 저출산의 중요한 요인으로 작용하고 있습니다. 이는 주로 보육 및 교육분야의 불안 때문입니다. 이는 젊은 부부들의 공통된 의견이기도 합니다.

따라서 보육 및 교육분야의 불안을 조속히 해소하여 육아환경을 개선해야 합니다.

이를 위해 이번 절에선 육아환경 악화의 주요 원인인 보육 및 교육분야의 불안에 대해 살펴봅니다.

보육분야의 불안

한국에선 보육제도의 미비 등으로 '임신 · 출산 · 보육의 불안'(이후 '보육 불안'으로 표기) 속에서 지내는 젊은 부부들이 많습니다. 이러한 보육불안은 다른 분야에까지 영향이 파급됩니다.

첫 번째, 보육불안에 대해 살펴봅니다.

결혼을 하여 가정을 이루게 되면 필히 맞이해야 하는 것이 '임신 · 출산 · 보육'(이후 '보육'으로 표기) 등입니다. 이는 신이 인류에게 준 가장 큰 축복인 것입니다.

그런데 요즈음 한국에서는 보육을 축복이 아닌 불안으로 보는 젊은 부부들이 많습니다. 이는 보육제도의 미비 등 열악한 보육여건 때문입니다.

그래서 많은 젊은 부부들은 열악한 보육여건으로 인해, 자신들뿐만 아니라 자신들의 자녀들마저 고생시키지 않을까 하는 염려로 보육에 대해 몹시 불안해하고 있습니다.

이에 엄마들은 아이들이 자랄 때까지 날마다 불안 속에서 지냅니다. 그래서 보육이 장기간 일상적 불안이 되고 있습니다. 이는 육아환경을 악화시키는 요인으로 작용합니다.

이처럼 보육불안은 육아환경을 악화시켜, 삶의 질과 출산율을 저하시킵니다. 이에 새내기 부부들은 보육불안을 저출산이 야기되는 매우 주요한 원인으로 꼽고 있습니다.

두 번째, 보육불안의 파급 영향에 대해 살펴봅니다.

보육불안은 파급 영향이 매우 지대하여, 보육불안은 취업엄마들의 육아 환경뿐만 아니라 전업 엄마들의 육아환경까지 악화시킵니다. 이를 살펴봅니다.

먼저, 최근 여권신장과 더불어 여성의 사회진출이 활발해지고 있습니다. 그러나 보육여건이 시대변화에 뒤져, 다수의 맞벌이 부부들이 보육으로 인해 고통을 겪고 있습니다.

예를 들면 보육제도 등이 미흡하여 아이를 하나만 낳아도 직장과 가정의 양립이 쉽지 않습니다. 이에 아이들이 초등학교를 가면 취업 엄마는 직장을 그만두게 되는 경우가 적지 않습니다.

그래서 많은 맞벌이 부부들은 아이가 자랄 때까지 날마다 불안 속에서 지내야 합니다. 이는 삶의 질을 크게 저하시킵니다. 이런 상황에선 둘째 아이를 기대하기가 힘듭니다.

다음, 전업 엄마 가정인 경우에도 불안하기는 마찬가지입니다. 왜냐하면 최근 사회구조변화로 인해 핵가족화가 되어, 아빠가 출근하면 집안에는 엄마와 아이만 남게 되기 때문입니다.

그래서 급한 일이 생겨 불가피하게 외출을 하게 될 경우에 갓난아이를 맡길 데가 없어 데리고 나가지 않으면 안 됩니다. 이처럼 아이가 하나일지라도 아이 돌보기가 매우 힘든 상황입니다.

더욱이 아이가 두 명일 경우, 엄마 혼자서 키운다는 것은 엄두조차 내기 어려운 환경이 되었습니다. 그래서 엄마는 아이들이 자랄 때까지 날마다 불안 속에서 지내야 합니다.

이처럼 전업 엄마들도 아이를 보육시설에 보내거나 전문도우미(보모)의 도움을 받지 않으면 안 되는 상황으로 변했습니다.

이와 같이 취업엄마 가정이던, 전업엄마 가정이던 보육이 장기간 일상적 불안이 되고 있습니다. 따라서 보육불안의 해소를 위한 대안 마련이 매우 시급합니다. (제5장에서 대안제시)

차제에 보육의 의의에 대해 살펴봅니다.

전문가들은 보육은 개인, 사회, 상생 측면에서 매우 중요하다고 크게 강조합니다. 이에 전문가들이 강조하는 보육의 의의에 대해 살펴봅니다.

먼저 개인 측면에서 살펴봅니다.

보육은 돌봄 및 교육 기능이 합쳐진 개념으로 진화되었습니다. 우선 아기는 돌봄 기능을 통해서 날마다 새로운 것을 접합니다. 이에 보육은 사실상 인생의 출발선이라고 할 수 있습니다.

교육기능을 통해서 새로운 것을 배웁니다. 유아기의 교육은 생애단계별 교육에서 효과가 가장 높습니다.이는 지능의 상당부분이 유아기에 형성되기 때문입니다.

그래서 유아기 때 얼마나 좋은 교육을 받았느냐에 따라 성인이 된 후 경제·사회적 지위의 격차에 적지 않은 영향을 줍니다. 그래서 유아기의 교육은 한 개인의 미래와 직결됩니다. 이에 보육을 교육의 출발선이라고 합니다.

다음, 사회 측면에서 살펴봅니다.

보육은 일자리의 창출에 기여합니다. 아이는 항상 어른의 세심한 보살핌이 필요하므로 돌봄 서비스 등을 통해 많은 일자리 창출이 가능하기 합니다. 또한, 신생아는 성장하면서 연관 산업 분야의 일자리 창출에 크게 기여할 것입니다.

또한, 상생 측면에서 살펴봅니다.

보육은 장기적으로 부의 분배기능을 하고, 불평등 완화에 기여하며, 궁극적으로 저비용 및 고효율 현상으로 이어집니다. 왜냐하면 소외계층 자녀들에게 유아기에 좋은 교육을 제공하는 것은 빈곤 탈출을 돕는 가장 효과적인 방법이기 때문입니다. 따라서 보육지출은 다음세대의 부담을 가볍게 해줍니다. 그래서 보육복지만큼 알찬 복지가 없습니다.

이와 같이 보육은 개인 및 사회 측면에서 뿐만 아니라 상생 측면에서도 매우 중요합니다.

이어서 보육과 관련한 한국사회의 변화에 대해 살펴봅니다.

최근 한국 사회는 전업엄마이건 취업엄마이건, 엄마 혼자서만 아이를 돌보기가 힘들 정도로 시대가 크게 변했습니다.

먼저, 최근 수십 년간 사회구조변화에 따른 대가족의 해체입니다. 이제 부부 중심의 핵가족제도가 되었습니다. 이로 인해 가정에서 아이 돌보기가 쉽지 않게 되었습니다.

아빠가 출근하면 집안에는 엄마와 아이만 남게 됩니다. 이에 대다수의 엄마들이 아이를 보육시설에 보내거나 전문도우미의 도움을 받아야 하는 상황으로 변했습니다.

다음, 여권신장과 더불어 여성의 사회진출이 활발해지고 있습니다. 그래서 직장에 다니면서 아이를 키우는 취업엄마들이 크게 늘어나고 있습니다.

이들은 아이들을 믿고 맡길 수 있는 양질의 사회적 보육시스템 등을 바랍니다. 아이 돌봄을 엄마의 몫으로만 여겼던 기성세대 엄마들과는 달리, 국가도 함께 참여해 책임져 주길 요망합니다.

이는 국가나 기성세대의 입장에서 보면 다소 이해하기 어려울 정도의 엄청난 변화이지만, 직장을 가진 취업 엄마들의 입장에서 보면 시대변화에 따른 당연한 요구인 것입니다.

또한, 여권신장은 여성의 자아성취 욕구 등을 크게 증가시켰습니다. 그 결과 기혼여성과 달리 미혼여성은 상당수가 삶의 질을 위해 자녀가 없어도 무관하다는 입장입니다.

예를 들면, 한 설문조사에서 미혼여성의 3분의 1정도가 "아이 양육에 드는 돈과 시간으로 인생을 즐기겠다"는 의미에서 자녀가 없어도 무관하다고 응답하였습니다.

이는 매우 심각한 현상이 아닐 수 없습니다. 왜냐하면 미혼여성은 미래의 엄마 후보이기 때문입니다.

이상 살펴본 바와 같이 대가족제도의 해체, 취업엄마들의 급증, 여성의 자아성취 욕구 증가 등으로 보육과 관련 한국사회가 크게 변화되었습니다. 이 점을 유의해야 됩니다.

교육분야의 불안

한국에선 경쟁위주의 교육으로 학생들과 학부모들이 장기간

'교육분야의 불안'(이하 '교육 불안'으로 표기) 속에서 지내야 합니다. 이러한 교육불안은 다른 분야에까지 영향이 파급됩니다.

첫 번째, 교육불안에 대해 살펴봅니다.

한국의 교육현장은 주로 경쟁위주로 운영됩니다. 그래서 학생들의 성적을 상대 평가하여 등수나 등급으로 나타내는 경우가 허다합니다. 이에 많은 학생들이 교육을 매우 힘들어합니다.

가장 대표적인 상대평가가 입학시험입니다. 이는 내가 남보다 잘하거나, 남이 나보다 못해야 합격할 수 있는 무서운 평가입니다. 꼭 제로섬 게임의 룰과 같습니다.

입시는 자녀교육에 대한 학부모들의 관심도를 높였습니다. 그래서 학부모들은 입시가 상대 평가란 것을, 얼마나 아느냐보다 등수가 더 중요한 매우 무서운 경쟁이란 것을 인식하였습니다.

이처럼 살벌한 입시경쟁 상황 속에서, 학생들이 원하는 학교에 입학하기 위해선 공교육만으로는 부족하다고 보고 집집마다 자녀들에게 사교육을 시킵니다.

이에 학부모들은 자녀들을 다른 가정보다 더 좋은 학원에서, 더 많은 사교육을 시키려고 애 씁니다. 이에 많은 학생들이 학원에서 밤늦게까지 별별 사교육에 시달리고 있습니다.

이처럼 많은 학생들과 학부모들이 초·중·고등학교 과정을 마칠 때까지, 10년 보다 더 긴 세월을 매일 불안과 초초 속에서 살아야만 합니다.

이와 같이 오랜 불안 속에서 엄청난 사교육을 받았음에도 불구하고, 자신들이 원하는 대학에 들어가는 학생들보다 그렇지 못한 학생들이 훨씬 더 많습니다. 참으로 안타까운 현상입니다.

이에 많은 학생들과 학부모들은 엄청난 충격으로 심한 후유증을 앓게 되는 경우가 허다합니다. 이러한 가정들 중엔 학생들을 재수, 삼수시키는 경우가 적지 않습니다.

그러나 명문대의 입학정원의 수가 갑자기 늘어나지 않습니다. 그래서 명문대에 들어갈 입학생 수는 매년 거의 같습니다. 이에 안타까운 현상이 매년 되풀이 됩니다.

더욱 안타까운 것은 엄청난 돈을 들여 대학까지 뒷바라지를 하였음에도 불구하고 미취업상태로 졸업하는 이들이 많습니다. 이는 학부모들의 심정을 참으로 아프게 합니다.

이처럼 한국의 교육은 장기간 학생들과 학부모들에게 엄청난 스트레스를 주고 있습니다. 다시 말해 교육은 많은 학생들과 학부모들에게 장기간 일상적 불안이 되고 있습니다.

이처럼 교육불안은 삶의 질을 저하시키고, 육아환경을 악화시켜 저출산으로 이어집니다. 이에 기혼자들은 저출산이 지속되는 이유로 교육불안을 첫 번째로 꼽고 있는 것입니다.

두 번째, 교육불안의 파급 영향에 대해 살펴봅니다.

교육불안은 파급 영향이 매우 큽니다. 왜냐하면 교육은 생존능력을 길러주기 때문입니다. 그래서 육아환경 외에도 주위환경 및 결혼환경 등을 악화시킵니다. 이를 살펴봅니다.

그럼, 주위환경과 관련하여 살펴봅니다. 자녀들에게 엄청난 사교육비를 쏟아 부은 후, 은퇴자금을 마련 못해 노후를 불안하게 보내는 노인들이 많습니다. 이처럼 앞단추를 잘못 끼운 결과, 불안이 노후까지 이어집니다.

지방은 교육여건이 대도시에 비해 매우 열악합니다. 그래서 자녀들을 대도시로 보내는 경우가 적지 않습니다. 이는 지역불안을 크게 가중시킵니다.

이처럼 자녀교육 불안은 노후불안과 지역불안으로 이어져 주위환경을 악화시켜, 삶의 질과 출산율을 저하시킵니다.

다음, 결혼환경과 관련하여 살펴봅니다. 지금 대기업 등엔 일할 사람이 넘치고, 중소기업 등엔 일할 사람이 부족합니다. 이는 대학이수자를 너무 많이 배출한 교육분야의 결과입니다.

이는 집을 지을 경우, 대들보보다 서까래가 더 많이 필요한데, 돈과 시간을 들여 서까래보다 대들보를 더 많이 만들어 낸 결과와 같습니다. 이는 아이러니(irony)가 아닐 수 없습니다.

이처럼 지나친 교육으로 인해 교육불안이 취업불안을 야기하여 불안을 가중시키고, 이는 결혼환경을 악화시켜 삶의 질과 출산율을 저하시킵니다.

이와 같이 한국에서의 교육불안은 육아환경은 물론 주위, 결혼환경에까지 영향을 끼쳐 불안을 가중시킵니다. 이는 아이들은 물론 학부모부들의 삶까지 오랫동안 매우 힘들게 합니다.

그래서 선행학습에 시달리는 아이들은 "하루하루가 지옥 같다."고 푸념합니다. 그리고 자녀양육 부담에 학부모들은 "출산을 중단한다"고 합니다.

따라서 교육불안을 조속히 해소해야합니다. 이에 교육제도의 개혁이 매우 시급합니다. (대안 제5장에서 제시)

차제에 교육의 의의에 대해 살펴봅니다.

전문가들은 교육은 개인, 사회, 상생 측면에서 매우 중요하다고 크게 강조합니다. 이에 전문가들이 강조하는 교육의 의의에 대해 살펴봅니다.

먼저, 개인 측면에서 살펴봅니다.

교육은 사람이 살아가는데 있어 가장 필요한 인성, 체력, 지식 등의 생존능력을 계발해 줍니다. 그래서 얼마나 좋은 교육을 받았느냐에 따라 경제사회적 지위의 격차에 엄청난 영향을 줍니다. 이와 같이 교육은 한 개인의 평생을 거의 좌우합니다.

다음, 사회 측면에서 살펴봅니다.

교육은 회임기간이 길어 효과는 다소 더디지만, 사회의 진정한발전 및 개혁은 교육으로부터 출발합니다. 그러므로 옛날부터 "교육을 잡으면 나라를 잡는다."고 했습니다. 이는 교육의 중요성을 단적으로 표현한 것입니다. 따라서 교육은 사회적으로 어떠한 분야보다 중요하다고 할 수 있습니다.

또한, 상생 측면에서 살펴봅니다.

교육격차(교육의 불평등)가 사회격차(사회의 불평등)를 공고히 합니다.이에 합리적인 교육을 통해 교육격차를 해소하여 가난의 대물림을 막는다면, 이것이 진정한 부의 분배이고 불평등의 개선이며, 또한 진정한 저비용 및 고효율인 것입니다.

이와 같이 교육은 개인 및 사회 측면에서 뿐만 아니라 상생 측면에서도 매우 중요합니다.

이어서 한국 교육과정의 실태를 살펴봅니다. 이는 교육 불안을 이해하는데 도움이 크게 되기 때문입니다.

○ 한국 교육과정의 실태

한국의 일반적인 교육과정은 초교(6년), 중교(3년), 고교(3년), 대학(2~4년), 석사(2년) 및 박사과정(3년) 외에 유아과정(3년)으로 어린이집이나 유치원 등이 있습니다.

그러나 석사 및 박사과정은 연구목적으로 소수가 다니는 특수과정이므로 여기서는 제외합니다. 다만, 보육은 사실상 교육의 출발선이므로 유아과정(3년)은 여기서 포함하여 살펴봅니다.

본론으로 들어가기에 앞서 유아취학률과 대학이수율의 수준(2016년 OECD 교육지표) 등을 살펴봅니다.

먼저, 유아취학률을 살펴봅니다. 2014년 기준 한국의 취학률은 3세 90%, 4세 92%, 5세 94% 등으로 OECD 평균취학률(3세 69%, 4세 85%, 5세 81%)보다 훨씬 높습니다.

다음, 전문대학이상 대학이수율(25~34세)을 살펴봅니다. 대학이수율은 2015년에는 69%를 기록, OECD의 평균은 42% 보다 훨씬 높습니다.

이상의 통계들은 한국의 학부모들이 자녀교육에 대해 높은 관심을 갖고 있음을 의미합니다. 이제 주제로 들어갑니다.

첫 번째, 유아과정에 대해 살펴봅니다.

먼저, 무엇보다도 보육불안이 심각합니다. 왜냐하면 보육여건이 매우 열악하여 보육으로 인한 불안이 심각하기 때문입니다.

다음, 앞의 통계에서와 같이 한국의 부모들은 아이의 교육에 대한 관심이 대단해, 유아들을 일찍부터 어린이집이나 유치원에 취학시킵니다. 이외에도 여러 형태의 학원에 보내 선행학습을 시킵니다. 이에 학원비가 만만치 않습니다.

이때부터 치열한 공부경쟁이 시작되었음을 의미합니다. 목표는 아이 부모의 마음속에 자리한 최고 명문대학교의 입학입니다. 이는 매우 힘든 목표입니다.

왜냐하면 이들 대학의 정원수는 많이 잡아도 학령인구의 10%에 불과하기 때문입니다. 그렇지만 아이의 부모는 합격을 확신합니다. 아이는 그냥 따릅니다. 정말 안쓰러운 출발입니다.

두 번째, 초등학교과정에 대해 살펴봅니다.

먼저, 초등학교에 입학해도, 방과 후에 아이 돌봄 걱정은 여전합니다. 예를 들면 학교는 오후 4~5시에 끝나 방과 후에 아이를 돌봐줄 곳이 없어, 아이들이 초등학교에 가면 취업 엄마는 직장을 그만두는 경우가 많습니다.

다음, 아이들은 초등학교에 들어가면, 학교수업 이외에도 1~2개의 학원을 더 다니면서 선행학습을 받습니다. 그래서 사교육비가 부담이 되는 가정들이 적지 않습니다.

이는 저마다 선행학습을 위해 아이를 학원에 보내려는 사회 풍조 탓입니다. 하루에 쉬는 시간이 3시간에 불과한 학생들도 있습니다. 이는 엄청난 경쟁인 것입니다.

또한, 소수이긴 하나 학교폭력이 초등학교에서도 발생되고 있습니다. 이는 매우 심각한 현상입니다. 왜냐하면 소년폭력범들은 어른이 되어서도 재범할 우려가 높기 때문입니다.

이와 같이 초등학교과정은 유아과정보다 더 빡빡해집니다. 그 결과 아이는 선행학습시간이 늘어나고, 학부모의 사교육비 부담은 늘어납니다. 점점 고행의 강도가 높아지는 딱한 현상입니다.

세 번째, 중학교과정에 대해 살펴봅니다.

먼저, 부모들은 아이들을 초등학교 때보다 더 오래 선행학습을 시켜, 초등학교 때보다 공부경쟁에 더 시달립니다. 초등학교 때보다 더 비싼 학원에 다녀, 사교육비가 초등학교 때보다 훨씬 더 많이 들어가, 학부모들의 경제적 부담은 더 커집니다.

다음, 중학생은 정서적으로 불안하고, 반항심이 많은 시기입니다. 이에 다양한 지도방법이 필요합니다. 그런데 좋은 말로 타이르는 것 이외의 딱히 방법은 없습니다. 왜냐하면 학생들의 인권만 너무 강조하는 현상 때문입니다.

이에 지도하기가 매우 힘듭니다, 예를 들어 봅니다. 중학생이 교실에서 버젓이 담배를 피우는 것을 보고, 교감선생님이 중학생의 담배를 빼앗았습니다. 그러자 그 중학생은 "내 담배 왜 빼

앗나" 하면서 교감선생님을 폭행했습니다.

또한, 학교폭력 10건 중 7건이 중학교과정에서 발생합니다.

심지어 공부 스트레스를 못 견뎌 폭력조직에 가담하는 학생들도 있습니다. 이에 학부모들도 심한 스트레스를 받습니다.

이처럼 중학생과정은 정서적으로 불안하고, 공부 스트레스를 못 견뎌 방황이 심한 과정입니다. 학부모들 또한 심한 스트레스를 받습니다. 심적으로 힘든 고행의 과정입니다.

네 번째, 고등학교과정에 대해 살펴봅니다.

먼저, 많은 학생들과 학부모들이 대학진학에 총력을 집중합니다. 왜냐하면 고교만 나오면 결혼도 힘들기 때문입니다. 전문계 고교졸업생들도 대부분 대학에 진학합니다.

다음, 중학교 때와는 비교조차 할 수 없을 만큼 학생들이 공부경쟁에 내몰립니다. 그래서 일반학원에서 받는 선행학습은 기본이고, 힘자라는 데까지 별별 과외를 다 시킵니다.

과외로 인한 학부모들의 경제적 부담이 엄청나게 가중됩니다. 예를 들면, 학생 1인당 한 달 과외비가 1,000만원 까지 하는 불법 고액과외가 적발됐다고 언론은 전하고 있습니다.

또한, 안타깝게도 학교폭력이 계속되고 있습니다. 폭력행위가 중학교에서 일어난 것보다 양적으론 적지만, 죄질은 더 심각한 경우가 많습니다.

특히, 대입결과에 따라 아이들과 학부모들은 엄청난 충격과 심한 후유증을 앓게 됩니다. 대입은 상대적 경쟁이라 10명중 누군가 9명은 명문대에 불합격하기 때문입니다.

이와 같이 고등학교과정은 대입에 총력 경주하기 때문에, 긴장 및 경제 부담이 최고도에 달하고, 결과에 따라 엄청난 희비가 엇갈리는 과정입니다. 아쉬움이 많이 따르는 과정입니다.

다섯 번째, 대학과정에 대해 살펴봅니다.

먼저, 등록금이 너무 비싸, 학생들이 매우 힘들어 합니다. 거의 1,000만원이나 되는 대학들도 있습니다. 이에 학생들은 등록금을 마련하기 위해 알바를 하거나, 대출을 받아 등록금을 내는 경우도 많습니다.

다음, 대학 정원수와 대학 진학률이 동반 상승하여 대학생 수가 엄청나게 늘어났습니다. 이는 서까래 용도보다 대들보 용도를 더 많이 만들어내는 결과와 같습니다.

또한, 취업하기가 너무 힘듭니다. 이는 저성장시대의 도래 등으로 대학생들이 원하는 양질의 일자리는 점점 줄어드는 상황에서, 위처럼 대학생 수가 점점 늘어났기 때문입니다.

이처럼 양질의 일자리는 줄어드는데 대학생 수가 점점 늘어나, 이제는 반이 붙으면 반은 떨어지는 상황이 되었습니다. 즉, 취업경쟁이 제로섬 게임의 룰처럼 되었습니다.

이로 인해 취업에 대한 관심이 크게 높아졌습니다. 그래서 일단 졸업하면 취업하는데 불리하게 작용하지나 않을까 우려해서 졸업을 유예하는 학생들이 늘어나고 있습니다.

취업시험에서 좋은 성적을 얻기 위해, 대학에 들어 와서도 많은 학생들이 취업과 관련하여 사교육을 받는 경우가 허다하고, 별도로 스펙을 쌓는 학생들도 적지 않습니다.

이에 자녀 1명을 대학졸업 때까지 키우는데 약 3억 원이 든다고 합니다. 이처럼 엄청난 돈을 들여 뒷바라지를 하였음에도 불구하고 대학을 미취업상태로 졸업하는 경우가 많습니다.

특히, 초·중·고등학교보다 대학에서 비리가 더 많이 발생하고, 이로 인해 분규도 많이 일어납니다. 사학법인이 운영하는 대학이 더 심합니다. 사립대학이 70%가 넘습니다.

사학법인은 학교 설립자가 사재로 만든 재단법인으로서, 학교장 임면권, 학교재정의 예산권 및 결산권 등을 갖고 있어, 사립학교 지배구조의 정점에 있습니다. 이와 같이 막강한 권한을 가진 사학법인이 권한을 남용하여 비리가 끊임없이 발생되고 있습니다.

이러한 사학법인의 비리는 해당학교의 구성원들에게 엄청난 충격을 주는 매우 심각한 문제입니다. 그러므로 비리가 더 이상 발생되지 않도록 비리재단은 과감히 영구 퇴출시켜야합니다.

다만, 이 문제는 주제와 달라 다음 기회로 넘기고, 이 책에선 여기서 마무리합니다.

그리고, 저출산에 의한 학령인구의 급감으로 인해 정원을 못 채우는 대학들이 늘어나고 있습니다. 이로 인해 많은 문제들이 야기되고 있습니다.

정원을 못 채우는 대학들은 재정의 부실로 인해, 대학을 정상적으로 경영하기 힘든 상황입니다. 왜냐하면 학생들의 등록금이 대학재정의 원천이기 때문입니다.

　이는 대학의 구조조정으로 이어져 많은 대학들이 몸살을 앓고 있습니다. 특히 지방대학의 경우는 더 심각합니다. 그래서 지방에서 이로 인한 피해가 엄청납니다. 이에 이 문제는 지역불안에서 다루고자 합니다.

　이처럼 대학의 많은 상황변화로 학생들의 노력 및 부모들의 뒷바라지가 컸음에도 불구하고 거의 절반의 학생들이 대학을 미취업상태로 졸업합니다. 참으로 불행한 현상입니다.

　여섯 번째, 대학과정 이후에 대해 살펴봅니다.

　대학졸업 후에 대학원 진학, 군 입대, 창업 등의 경우가 있지만, 대부분 취업을 통해 사회로 진출합니다.

　그런데 취업률이 낮아, 미취업 상태에서 대학을 졸업하는 젊은이들이 많습니다. 이에 졸업한 후에도 많은 젊은이들이 학원 등에서 취업하기 위해 공부를 계속하고 있습니다.

　심지어 공무원시험 등에 매달리느라 30대 중반을 넘어서까지 학원에서 고생하는 이들도 적지 않습니다. 이들 중 대다수가 미혼입니다. 왜냐하면 직장이 없기 때문입니다.

　오로지 취업을 위해 결혼도 미루고 반평생을 공부경쟁을 하고 있는 성년 자식을 품고 있는 부모의 심정은 숯보다 더 까맣습니다. 이는 엄청난 비극입니다.

　마지막으로, 위의 사항을 검토해봅니다.

위와 같이, 한국의 학부모들은 자녀 교육열이 매우 높습니다. 이에 힘입어 교육분야가 양적으로 크게 발전하여 왔습니다.

한국이 지난 반세기 넘게 남북이 대치된 상황에서도 기적에 가까울 정도로 놀라운 경제발전을 이룰 수 있었던 것도 학부모들의 헌신적인 교육열 등이 뒷받침된 결과라고 봅니다.

그런데 근래 교육이 사회변화에 뒤져, 교육의 문제점이 봇물처럼 터져 나오고 있습니다. 이는 지나친 경쟁위주 교육의 산물입니다.

유아과정에서부터 최고의 명문대학을 목표로 정하고, 모든 교육과정에서 선행학습을 합니다. 이는 엄청난 공부경쟁입니다. 마치 매 과정이 '생존경쟁이 치열한 정글'과 같습니다.

한국에서 유아과정에서부터 대학과정까지 이수하는 데는 '재수, 휴학, 졸업유예, 군복무' 등을 감안하면 대략 20년 정도 소요됩니다. 이는 강산이 두 번이나 바뀌는 긴 기간입니다.

지금도 한국에선 수백만 명의 우리 아이들이 '강산이 두 번이나 바뀌는 긴 기간'을 정글 같은 교육(보육 포함)현장을 불안에 떨면서 헤매고 있습니다.

이처럼 불안에 떠는 자녀들의 모습을 안타깝게 바라보는 학부모들의 심정도 불안하기는 마찬가지입니다. 이러한 상황에서도 비싼 사교육비는 꼬박꼬박 내야 합니다.

이와 같은 상황에서 젊은 부부들이 아이들을 많이 낳기를 원할까요? 또한 엄마 뱃속의 아기들이 예지력이 있다면, 태어나기를 원할까요? 분명, 모두 원하지 않는다고 대답할 것입니다.

이처럼 교육으로 인한 장기간 일상적 불안이 삶의 질을 크게 저하시켜 저출산으로 이어지고 있습니다. 또한 교육불안은 여기서 그치지 않고 다른 분야로까지 이어집니다.

왜냐하면 이들 분야가 거의 모든 분야와 관련이 되어있기 때문입니다. 이에 교육불안을 조속히 해소하기 위한 교육제도의 개혁이 매우 시급합니다. (제5장에서 대안제시)

03
주위환경 관련 원인(노후 · 지역 불안)

● 노후 및 지역여건이 열악합니다

출산율을 올리기 위해선 젊은이들과 가까운 주위환경이 좋아야합니다. 왜냐하면 주위환경이 좋지 않을 경우, 결혼이나 출산환경을 간접적으로 악화시켜 저출산을 크게 부추기기 때문입니다.

한국에선 주위환경이 좋지 않은 경우가 많습니다. 이는 자신과 관련된 이들의 노후분야의 불안과 국민의 절반이 거주하고 있는 지방과 관련된 지역분야의 불안에 의한 영향 때문입니다.

이처럼 노후 및 지역분야의 불안은 출산과 직접적으로 관련이 없는 불안이지만 가장 중요한 출산요건의 하나인 주위환경을 악화시켜 직접적인 불안 못지않게 저출산에 많은 영향을 끼칩니다.

따라서 노후 및 지역분야의 불안을 조속히 해소하여 주위환경을 향상시켜야합니다. 이를 위해 이번 절에선 주위환경 악화의 주요 원인인 노후와 지역분야의 불안에 대해 살펴봅니다.

노후분야의 불안

한국에선 노후준비를 제대로 못하고 은퇴하여 긴 노후를 불안하게 보내는 노인들이 많습니다. 이러한 '노후분야의 불안'(이하 '노후불안'으로 표기)은 다른 분야에까지 영향이 파급됩니다.

첫 번째, 노후불안에 대해 살펴봅니다.

한국에선 인간의 수명이 계속 늘어나고 있습니다. 이는 분명 축복이고, 크게 반가워해야 할 일입니다. 장수는 복중에서도 가장 큰 복이고 인류의 오랜 염원이기도 합니다.

그렇지만 한국의 경우, 이를 축복으로 받아들이지도 못하고, 반길 수도 없는 노인들이 많습니다. 이는 시대의 변화 및 비정상적인 세태 등으로 노후 대비를 제대로 못하였기 때문입니다.

먼저, 시대의 변화에 대해 살펴봅니다. 과거 한국에선 대가족 제도가 일반적이었습니다. 그리고 유교적 전통에 따라 자식이 부모를 잘 모시는 효도가 최고의 가치였습니다.

그래서 자식이 부모를 봉양하는 미풍양속이 있었습니다. 이처럼 자식이 부모의 노후를 책임지므로, 노후준비를 별도로 하지 않아도 되었습니다. 그래서 은퇴가 그리 문제가 되지 않았습니다.

그러나 최근에 와선 자녀들이 결혼을 하면 거의 분가를 하기 때문에 대가족을 유지하는 가정을 찾아보기가 힘듭니다. 즉, 부모와 함께 사는 경우가 드뭅니다.

이와 같은 시대의 변화는 효도에 대한 개념을 크게 변화시켰습니다. 아직도 한국에서 효도의 아름다운 의미를 부정하는 사람은 없습니다.

그러나 시대의 변화로 부모의 부양을 의무로 보는 젊은이들이 줄어들고, 부모의 부양을 강제하기도 힘들게 되어, 은퇴 후 부모들이 자녀들로부터 봉양 받기가 여의치 않아졌습니다.

더욱이 한국인의 기대수명이 빠르게 늘어나, 세계평균보다 높은 장수국가가 되었습니다. 따라서 은퇴 후 여생도 늘어나므로, 노후대비는 필수적입니다.

이에 한국에선 은퇴하게 되면 노후를 노인들이 책임져야하는 경우가 늘어나는 추세입니다. 이에 노후준비를 제대로 못한 경우엔 은퇴가 고통의 시작을 의미하게 됩니다.

다음, 비정상적인 세태에 대해 살펴봅니다. 인간수명이 늘어남에 따라 은퇴 후 여생도 길어지고 있습니다. 따라서 길어진 여생만큼 노후준비를 더해야 합니다.

그러나 자녀들의 사교육 및 결혼 등에 들어가는 비용은 물론 결혼 후 살집까지 마련해 주어야하는 비합리적인 풍조가 이를 가로 막고 있습니다. 예를 들어봅니다.

• 사교육비의 경우 : 자녀들의 사교육에 들어가는 비용을 절

반만 아껴도 노후에 크게 도움이 됩니다. 그런데 사교육비를 줄일 생각은 하지 않고, 서로 남들 핑계만 댑니다.

남들 다 시키는 사교육을, 내 아이만 안 시킬 수가 없다는 것입니다. 그래서 번 돈을 자녀들의 사교육 뒷바라지에 쓰고 나면, 노후준비를 제대로 하기 힘듭니다. 이는 분명 정상이 아닙니다.

• 결혼비용의 경우 : 사교육비와 별도로 자녀들의 결혼비용에 많은 돈을 쓰고 있습니다. 이 비용을 아끼면 노후에 적지 않게 도움이 될 수 있는데, 아낄 생각은 않고 체면만 따집니다. 남들이 해주는 것만큼 체면상 나도 그만큼 해주어야 한다는 것입니다. 그래서 노후준비자금을 충분하게 마련하기가 더욱 힘듭니다. 이 역시 분명 정상이 아닙니다.

• 자녀 신혼집의 경우 : 적지 않은 사람들이 자녀들이 결혼을 하면, 다소 무리를 해서라도 결혼 후 살집을 자가 또는 전세 등으로 마련해줍니다. 이 역시 풍조이기 때문에 어쩔 수 없다고 합니다. 이에 다소 여유 있는 사람들마저 노후준비자금을 충분하게 마련하기가 쉽지 않습니다. 이 또한 분명 정상이 아닙니다.

지금까지 많은 이들이 자녀들과 관련한 사교육비, 결혼비용, 신혼집 마련 등 비정상적인 세태에 대해서 걱정하고 의견을 개진한 바 있습니다. 이를 살펴봅니다.

지나친 사교육은 많은 문제를 야기하니, 적정수준으로 자제할 것을 권유했습니다. 또한 결혼식에 많은 비용을 드리는 것은 큰 낭비이니, 검소한 결혼식을 할 것을 권장했습니다.

위의 말들이 모두 옳지만, 막상 닥쳐보니까 그렇지 않다는 것입니다. 자녀들의 행복과 관련된 일이라 남들이 해주는 것만큼은 해주고 싶다는 것입니다.

비정상적이지만 세태에 따르지 않을 수 없다는 것입니다. 그 결과, 수중에 가진 것을 전부 쓰고, 노후준비자금을 제대로 마련하지 못하고 은퇴하는 경우가 허다합니다.

이처럼 시대의 변화 및 비정상적인 세태 등으로 인해 늘어난 수명이 축복대신 삶의 짐이 되어, 오히려 긴 노후를 장기간 일상적 불안 속에서 지내는 노인들이 적지 않습니다. 심지어 노후불안으로 자살을 하는 이들도 있습니다.

이를 주변에서 보고 자란 젊은이들은 자신들의 노후불안을 염려하여, 노후준비 비용과 자녀양육 비용을 비교합니다. 그 결과, 자녀를 적게 낳는 경우가 적지 않습니다.

이와 같이 노후불안은 젊은이들이 직접적으로 겪는 불안은 아니지만, 노인들의 힘든 삶이 젊은이들을 크게 자극하여 저출산으로 이어지고 있습니다.

이제 한국의 경우, 노후불안을 해소하지 않고서는 출산율의 제고는 물론 삶의 질도 향상시키기 어렵다고 많은 이들이 충고하고 있습니다.

두 번째, 노후불안의 파급 영향에 대해 살펴봅니다.

노후불안은 파급 영향이 매우 큽니다. 왜냐하면 노인들이 직접 겪은 경험담이기 때문입니다. 그래서 주위의 젊은이들에게 엄청난 영향을 미칩니다. 이를 살펴봅니다.

은퇴는 제2인생의 시작입니다. 선진국의 경우, 은퇴는 진정한 행복의 시작을 의미합니다. 그런데 한국의 경우는 노후여건이 열악하여, 은퇴는 고통의 시작을 의미합니다.

그래서 노후불안 속에서 지내는 노인들이 적지 않습니다. 이에 노후불안은 주위환경을 저하시켜 삶의 질과 출산율을 크게 저하시킵니다. 이를 살펴봅니다.

한국에는 자녀들의 엄청난 사교육비, 결혼비용 등을 대주다 보니 은퇴준비를 제대로 못해 자녀들에게 용돈을 기대하는 부모들이 많습니다.

그런데 자녀들이 형편이 여의치 못하여 부모님께 용돈을 드리지 못할 경우, 용돈을 받지 못한 부모의 입장에선 여간 서운한 게 아닙니다.

그래서 서운함 때문에 주위 사람들에게 "자식 키워보아야 아무 소용없으니, 자식을 낳지 말라. 자식 키울 돈으로 노후대비를 하는 것이 낫다."고 하소연하는 경우가 많습니다.

이는 당사자의 말이기 때문에 파급효과가 매우 커, 젊은이들은 출산을 숙고하게 됩니다. 이는 저출산으로 이어집니다. 이에 노후불안을 조속히 해소해야 합니다. (제5장에서 대안제시)

차제에 노후안정의 중요성에 대해 살펴봅니다.

전문가들은 노후안정은 개인, 사회, 상생 측면에서 매우 중요하다고 크게 강조합니다. 이에 전문가들이 강조하는 노후안정의 중요성에 대해 살펴봅니다.

먼저, 개인 및 사회 측면에서 살펴봅니다.

고령화가 먼저 진전된 선진국에선 고령화의 진전으로 은퇴 이후 기간이 점점 늘어나자 노후의 삶에 대한 관심을 갖고, 오래 전부터 노후여건의 향상에 많은 노력을 기우려 왔습니다. 그래서 선진국에선 은퇴는 진정으로 행복한 새로운 인생의 시작을 의미합니다.

그러나 한국은 선진국들과 달리, 은퇴는 경제적 고통의 시작을 의미합니다. 이는 한국에선 고령화에 대해 대비를 못해, 노후를 불안 속에서 보내는 노인들이 많기 때문입니다.

이를 보고 자란 주변의 젊은이들은 자신들의 노후를 염려 하여, 노후생존비용과 자녀양육비용을 놓고 비교하게 됩니다. 이는 자녀의 필요성을 감소시켜, 출산율의 저하로 이어집니다. 이에 노후안정은 개인은 물론 사회적으로 매우 중요하므로, 노후불안을 조속히 해소하여 장수가 축복이 될 수 있도록 해야 합니다.

다음, 상생 측면에서 살펴봅니다.

한국에선 노후에도 부의 양극화 및 불평등으로 인한 문제가 심각합니다. 이는 자녀와 관련하여 지난날에 앞단추를 잘못 끼운 결과로 인한 것입니다. 예를 들면, 과거에 지나친 경쟁으로 보육비용, 사교육비, 대학 등록금, 결혼비용 등에 쏟아붓다보니 야기된 결과입니다.

더욱이 고령화의 진전과 더불어 노후준비 제대로 못하고 은퇴하는 이들이 더 많아지고, 노인들의 나이가 들수록 부의 양극화 및 불평등이 더욱 심화되고 있습니다.

이에 노후여건을 합리적으로 향상시켜 노후안정을 이루게 한다면, 이것이 진정한 부의 분배이고 불평등의 완화인 것입니다. 또한, 이것이 진정한 저비용 및 고효율인 것입니다.

이와 같이 노후안정은 개인 및 사회 측면에서 뿐만 아니라 상생 측면에서도 매우 중요합니다.

지역분야의 불안

한국에선 지역불균형 현상으로 지방에 사는 사람들은 늘 불안합니다. 이러한 '지역분야의 불안'(이하 '지역불안'으로 표기)은 다른 분야에까지 영향이 파급되는 경우가 적지 않습니다.

첫 번째, 지역불안에 대해 살펴봅니다.

한국에선 지역불균형 현상으로 인해 취업 및 교육여건 등이 도시보다 열악하여, 지방에 사는 사람들은 늘 불안해합니다. 이와 관련하여 한국의 언론들은 자주 보도해 왔습니다.

예를 들면 "새 일자리 92%가 수도권에 몰려", "교육 ─ 취업·사업 이유로 거주지 옮겨", "교육·의료·일자리 연계돼야 지역인구 늘어" 등입니다.

위 언론보도와 같이, 최근 5년간 국민의 반이 살고 있는 수도권 밖에서 늘어난 일자리는 겨우 8%에 불과 했습니다. 또한 취업 및 자녀교육과 관련하여 거주지(지방)를 옮겼다고 했습니다.

이처럼 한국에선 지방의 취업 및 교육여건 등이 열악하여 지역불균형 현상이 계속 심화되고 있습니다. 따라서 지방의 취업 및 교육여건을 조속히 향상시켜야 합니다.

저는 얼마 전 까지 인구가 계속 감소하는 지방에서 7년간 지낸바 있습니다. 그 지방은 수도권과 취업 및 교육여건 등의 격차가 심각했습니다. 그래서 위 언론보도에 무척 공감하였습니다.

저자가 거주하였던 지역에선, 사람들이 일자리를 찾아 수시로 그 지역을 떠납니다. 또한 학생 수의 감소로 초·중·고가 매년 통폐합되어, 학년 초엔 그 지역을 떠나는 학생들과 학부모들이 적지 않습니다.

위에서 보듯이, 지방 사람들이 대도시 사람들보다 취업과 자녀교육 등에 대한 불안이 더 클 수밖에 없습니다. 이에 지역불안은 장기간 일상적 불안으로 작용합니다.

따라서 자연히 결혼이 취업 뒤로 밀려나게 되고, 또한 열악한 교육여건으로 인해 아이 낳기를 고민하게 됩니다. 이로 인해 당사자가 받는 스트레스는 엄청난 것입니다.

이처럼 지역불안에 의한 주위환경의 악화로 삶의 질을 저하되면서, 저출산으로 이어집니다. 이에 많은 이들이 한국에서 지역불안의 해소가 매우 중요하다고 충고하고 있습니다.

두 번째, 지역불안의 파급 영향에 대해 살펴봅니다.

지역불안은 파급 영향이 매우 큽니다. 왜냐하면 지역불균형 현상 때문입니다. 그래서 주위환경 외에도 결혼환경 및 육아환경 등을 악화시킵니다. 이를 살펴봅니다.

그럼, 지역불안이 결혼환경을 저하시키는 현상을 살펴봅니다. 젊은이들은 일자리를 찾아 대도시로 떠나, 지방에선 젊은이들이 줄어듭니다. 이에 결혼하기가 쉽지 않습니다. 이는 결혼환경을 악화시켜 저출산으로 이어집니다.

또한, 지역불안은 육아환경까지 저하시킵니다. 이는 두 가지 측면에서 일어납니다. 하나는 지방의 인구 감소로 유, 초, 중, 고교가 통폐합되어, 학생들이 대도시로 떠나는 경우입니다.

다른 하나는 부모의 자녀교육 욕심으로, 교육환경이 좋은 대도시로 떠나는 경우입니다. 이때 형편이 안돼서 남은 사람들이 느끼는 불안 및 소외감은 엄청납니다. 이는 저출산으로 이어집니다.

이에 지방의 취업 및 교육여건을 빨리 향상시켜 지역불안을 조속히 해소하여 지역균형발전을 도모해야합니다. (대안은 제5장에서 제시)

차제에 지역안정의 중요성에 대해 살펴봅니다.

전문가들은 지역안정은 개인, 사회, 상생 측면에서 매우 중요하다고 크게 강조합니다. 이에 전문가들이 강조하는 지역안정의 중요성에 대해 살펴봅니다.

먼저, 개인 및 사회 측면에서 살펴봅니다.

지방은 국민의 절반이 거주하는 삶의 터전입니다. 그래서 지역균형발전으로 지방의 제반여건이 대도시와 같은 수준으로 향상되어, 지역안정을 이루면 국민의 절반이 행복해집니다. 이처럼 지역안정은 개인 물론 주변의 삶의 질을 향상시키고, 이는 출산율의 제고로 이어질 것입니다. 이에 지역안정은 개인은 물론 사회적으로 매우 중요합니다.

다음, 상생측면에서 살펴봅니다.

한국에선 지역불균형현상으로 인해 지방과 대도시 간의 양극화 및 불평등 현상이 매우 심각한 수준입니다.

이에 지역여건을 합리적으로 향상시켜 지역안정을 이루다면, 이것이 진정한 부의 분배이고 불평등의 완화인 것입니다. 또한, 이것이 진정한 저비용 및 고효율인 것입니다.

이와 같이 지역안정은 개인 및 사회 측면에서 뿐만 아니라 상생 측면에서도 매우 중요합니다.

제3장

한국
저출산의
대응

그간 한국 저출산의 대응방향을 살펴보면, 출산의 목표, 책임, 재정 등이 제대로 언급되지 않았습니다. 이에 이번 장에선 이들 핵심사항들을 중심으로 살펴봅니다.

제1절에선 출산목표에 대해 검토해봅니다. 그간 정부는 아이를 많이 낳기만 권장해 왔지만 전문가들은 한국의 적정인구를 정한 후, 이에 맞는 적정출산을 권장하는 것이 순서라고 합니다.

제2절에선 출산책임에 대해 검토해봅니다. 정부는 저출산을 젊은이들의 탓으로 홍보해 왔지만, 전문가들은 출산은 의무가 아닌 선택, 개인이 아닌 사회적 과업으로 보는 인식 전환이 필요하다는 의견입니다.

제3절에선 출산재정에 대해 검토해봅니다. 그간 선거 때마다 저출산과 관련하여 예산위주의 공약이 난무한데 대해, 전문가들은 예산은 제도개선과 함께 투입해야 효율적이라고 충고합니다.

01
출산 목표 : 적정출산

● 자녀는 알맞게 낳아, 잘 키워야 합니다

그간 한국 저출산의 대응과정을 살펴보면, 출산목표도 제대로 설정하지 않고 단편적으로 대응해 왔습니다. 무조건 '자녀를 많이 낳는 가정만이 좋은 가정'인 것처럼 홍보해 왔습니다.

그래서 지난 10년간 지방자치단체마다 출산목표가 '다다익선'인 것처럼 홍보해 왔습니다. 일부 지자체들은 아이를 더 낳을 때마다 혜택을 올리면서, 출산을 권장해 왔습니다.

그리고 이를 언론에 홍보해 왔습니다. 그 결과 결혼해서 아이 많이 낳는 사람들이 애국자라는 말까지 생겼습니다. 그러나 인구수는 제고되지 않았습니다.

따라서 정확한 목표도 없이 출산을 권장하는 것은 잘못된 대응입니다. 왜냐하면 저출산이나, 과출산이나 모두 경제 사회적으로 심각한 문제를 야기하기 때문입니다.

현재 일부 개발도상국에선 경제성장률을 웃도는 과출산으로 걱정이 큽니다. 과거 한국도 한 때 합계출산율이 5명이상의 과출산으로 어려움을 겪은 바 있었습니다.

　국가는 모든 국민이 행복할 수 있는 자국의 규모에 맞는 적정인구를 지속적으로 유지하는 것이 우선입니다. 이에 국가는 적정인구의 유지를 위한 적정출산이 매우 중요합니다.

　가정의 경우도 국가의 경우와 같이 가정의 행복을 우선적으로 고려해야합니다. 그래서 자녀를 가정 형편을 맞게끔 적정하게 낳아, 잘 키우는 것이 아주 중요합니다.

　그러므로 적정자녀수를 낳은 가정의 경우, 그 이상의 출산은 노후준비비용 및 자녀양육비용 등을 고려하여 신중하게 결정하도록 홍보해야 합니다.

　노후준비비용의 경우, 인간수명의 연장과 더불어 계속 늘어납니다. 예를 들면, 인간수명이 7세 늘면 노후자금 1억3000만원이 더 필요해진다는 것입니다.

　자녀양육비용의 경우, 현재도 한국에서 아이 한명을 키우는 데 3억 원 정도 든다고 합니다. 이는 엄청난 액수입니다. 이에 정부는 막연하게 출산을 홍보해선 안 됩니다.

　왜냐하면 아이를 많이 낳은 가정이, 아이들의 양육비부담 등으로 행복하게 살지 못하면, 오히려 사회적으로 역효과가 날뿐만 아니라 정부의 짐만 늘어나기 때문입니다.

　우선 출산목표를 정해야합니다. 즉, 한국의 모든 국민이 행복할 수 있는 한국의 규모에 맞는 적정인구를 정해야합니다. 이어서 이의 유지에 필요한 적정합계출산율을 정해야합니다.

적정합계출산율이 정해지면, 적정자녀수를 구합니다. 필요하면 권장자녀수를 구할 수 있습니다. 산출한 근거와 함께 국민에게 알려야합니다. 그래야 국민들이 이해하고, 동참할 것입니다.

이에 이번 절에선 먼저 한국의 적정인구 및 이의 유지를 위한 한국 가정의 적정자녀수 등에 대해 살펴봅니다.

한국의 적정인구

인구는 많아도 문제이고 적어도 문제이므로, 국가는 인구를 항상 적정하게 유지해야합니다. 그러나 평소 인구를 국가 실정에 맞게 유지한다는 것이 여간 어려운 일이 아닙니다.

우선 모든 국민이 행복할 수 있는 적정인구의 규모를 정하는 것부터가 쉽지 않습니다. 또한, 이를 항상 거의 일정하게 유지한다는 것은 더욱 어렵습니다.

왜냐하면 인구문제는 사실 통계의 문제가 아니라 인구밀도, 식량과 에너지 등 각종 부존자원, 노동력 및 일자리, 환경 및 국방 등 여러 중요한 사항들이 복잡하게 뒤얽혀 있는 문제이기 때문입니다.

이처럼 인구문제가 복잡하기 때문에 전문가들의 견해가 각기 다릅니다. 한국의 적정인구 규모로 5,300만명을 주장하는 이도 있고, 4,000만명을 주장하는 이도 있습니다.

한국 정부는 더 이상 방관해서는 안 됩니다. 조속히 '한국 적정인구 산정위원회'(가칭)를 구성하여, 상기 의견들을 검토하든 또는 자체적으로 산출하든 한국의 적정인구를 빨리 정해야 합니다.

왜냐하면 국가의 적정인구를 정한 후 가정의 적정출산을 산정하는 것이 보다 순리적이기 때문입니다. 다만, 위원회는 인구문제의 성격상 모든 분야의 전문가들이 참여하는 범정부차원의 위원회가 되어야합니다.

가정의 적정자녀

한 국가의 인구를 적정하게 유지하기 위해선, 가정의 적정출산이 매우 중요합니다. 이에 대해 살펴봅니다.

한 국가의 인구수는 출생아수와 사망자수에 따라 변합니다. 이때 출생아수의 조정은 국민이 협조하면 가능하지만(사실 이도 무척 어려움), 사망자수의 인위적인 조정은 사실상 곤란합니다.

왜냐하면 사망자수의 인위적인 조정은, 어떠한 경우에도 윤리적인 비난이 따르기 때문입니다. 따라서 국가의 적정한 인구유지는 사실상 가정의 적정출산을 통해서만 가능합니다.

만약 모든 여성이 결혼한다면, 가정의 적정출산율은 국가의 적정합계 출산율과 같습니다. 가정의 적정출산율은 한 가정당 적정 출생아 수임이므로, 이는 곧 '가정의 적정자녀 수'가 됩니다.

이처럼 가정의 적정자녀 수가 산출되면 이를 홍보하거나, 정책상 필요하면 권장 자녀 수를 정해 홍보하면 됩니다. 다만, 적정자녀 수가 소수점까지 표시될 경우, 권장 자녀 수로 환산해야 합니다.

예를 들면 가정의 적정자녀 수가 2.1명일 경우, 2.1명을 낳으라고 홍보할 수는 없습니다. 이 경우는 2명이든 3명이든 또는 2~3명이든 실제 사람 수로 제시해야합니다.

이해를 돕기 위해 목동나라의 사례를 들어 설명합니다.

목동나라의 인구는 5,200만명이고, 기대수명은 82.1세인 초저출산국가입니다. 2016년 합계출산율이 1.17명, 출생아 수가 43.8만명으로서 지난해보다 더 낮게 나타났습니다.

이에 큰 충격을 받은 목동나라는 가정의 적정자녀 수까지는 포상금을 출생아 1명당 100만원씩 지급키로 하였습니다. 그런데 가정의 적정자녀 수를 구하지 못해 고민 중에 있습니다.

왜냐하면 목동나라의 전국출산협회가 논리파, 조급파 신중파 등으로 나누어져 있는데, 무조건 자기파의 의견만 옳다고 주장하기 때문입니다. 회의과정을 살펴봅니다.

먼저, 논리파는 '국가 적정인구 산정위원회(가칭)'부터 구성하자고 하였습니다. 그 이유는 가정의 적정자녀수는 국가 적정인구 및 적정 합계출산율부터 정한 후에 구하는 것이 합리적이기 때문이라는 것입니다.

다음, 조급파는 논리파의 주장에 반대했습니다. 반대하는 이유는 위원회를 구성하기도 힘들고, 적정인구 및 적정 합계출산율을 산정하기가 힘들어 시간이 많이 걸린다는 것입니다.

그래서 국가 적정인구를 현재의 인구규모로 정하고, 적정 합계출산율을 현재의 인구규모를 유지할 수 있는 대체출산율 2.1명으로 정하자는 의견입니다.

그리고 모든 여성이 결혼을 한다면, 가정의 적정출산율은 국가의 적정 합계출산율과 같고, 가정의 적정출산율은 한가정당 적정출생아 수임이므로 가정의 적정자녀 수는 2.1명이라는 것입니다.

이에, 신중파는 조급파의 의견대로 우선 임시로 국가 적정인구를 현재의 인구규모로, 적정 합계출산율을 2.1명으로, 가정의 적정자녀 수는 2.1명으로 정하자고 하였습니다.

대신 논리파의 의견대로, 다소 시간이 걸리더라도 '국가 적정인구 산정위원회'를 구성하여 정확한 국가 적정인구 및 적정 합계출산율을 산정해 대체하자고 하였습니다.

다만, 가정의 적정자녀 수(2.1명)가 소수점 이하까지 표시되어, 국민에게 권할 권장자녀 수로의 환산이 필요한데, 이를 얼마로 정할 것이냐는 다시 논의하자고 하였습니다.

이와 같이 전문가그룹간의 의견이 달라, 목동나라 정부는 많은 고민 끝에 신중파의 의견을 받아들이기로 하였습니다. 이는 신중파의 의견이 사실상 절충안이었기 때문입니다.

그래서 임시적으로 당분간 목동나라의 국가 적정인구를 현재의 인구규모로, 적정 합계출산율을 2.1명으로, 가정의 적정자녀 수는 2.1명으로 정하기로 하였습니다.

그리고 가정의 적정자녀 수 2.1명을, 국민에게 권할 권장자녀 수를 얼마로 정할 것이냐를 의제로 정하고, 이를 회의에 부의하였습니다. 회의과정을 계속 살펴봅니다.

먼저, 논리파는 권장자녀 수를 2명(쌍둥이의 경우는 2회)으로 하는 방안을 제안하였습니다. 그 이유로 쌍둥이가 10% 되므로, 대체출산율 2.1명을 달성할 수 있다는 것입니다.

이에 권장자녀 수를 높이는 것은 예산낭비라는 의견입니다. 지금 합계출산율이 1.17명에 불과한데, 출산여건을 빨리 향상시켜 2명만이라도 잘 낳을 수 있도록 하는 것이 현실적이라는 것입니다.

다음, 신중파는 권장자녀 수를 2~3명으로 정하는 것이 합리적이라는 의견입니다. 논리로만 보면 논리파의 의견이 틀리진 않지만, 출산율이 기대대로 오르지 않을 수도 있다는 것입니다.

그래서 만약을 대비하여 예산이 다소 더 들더라도 우선은 권장자녀수를 2~3명으로 여유 있게 정하고, 출산율의 추세를 보아가면서 2명으로 낮추는 것이 더 낫다는 의견입니다.

또한, 조급파는 가능한 많이 낳도록 권하는 것이 옳다는 의견입니다. 그 이유로 현재 초저출산국가로서 출생아수가 매년 줄고 있는 목동나라의 상황을 들었습니다.

그리고 논리파나 신중파 모두 너무 안이한 주장을 한다는 것입니다. 이러한 현실적 상황에서 권장자녀수를 정하는 것은 득

보다 실이 크다는 것입니다.

그러므로 예산이 많이 들더라도, 정부는 홍보 등 여러 방법을 동원하여 우선 아이를 많이 낳도록 권하는 것이 가장 현실적이라고 하였습니다.

이와 같이 전문가그룹 간의 의견이 달라, 이번에도 목동나라 정부는 많은 고민 끝에 신중파의 의견을 받아들였습니다. 이는 신중파의 의견이 비교적 무난하였기 때문입니다.

회의가 끝난 후 목동나라 정부는 "당분간 국가 적정인구를 5,200만명, 적정합계출산율을 2.1명, 적정자녀 수를 2.1명, 권장자녀수를 2~3명으로 정한다."고 발표하였습니다.

이어서 "국가 적정인구 산정위원회'를 구성하여 적정인구, 적정 합계출산율, 적정자녀 수, 권장자녀 수 등을 산정할 것이며, 산정되면 지표를 교체할 것"이라고 발표하였습니다.

이상 목동나라의 상황을 살펴보았습니다. 목동나라의 인구 상황이 한국의 인구 상황과 매우 유사합니다. 이에 한국에도 목동나라 정부의 의견과 같은 사람이 많을 것으로 보입니다.

이에 저자는 한국의 인구지표를 당분간 목동나라 정부의 의견을 인용하여 사용합니다. 물론 인구지표와 관련하여 한국 정부의 조치가 있으면 저자는 곧 그대로 따를 것입니다.

하여튼 한국 정부는 인구밀도, 부존자원, 고용, 환경, 안보상황 등을 고려하여 모든 국민이 행복할 수 있는 한국의 인구지표를 조속히 결정하여, 국민에게 알려야 합니다.

차제에 핵심생산가능인구에 대해 살펴봅니다. 이는 경제활동 측면에서 핵심생산가능인구가 매우 중요하기 때문입니다.

이를 살펴보기에 앞서, 이 분야에 처음 대하는 독자 여러분의 이해를 돕기 위해 이와 관련된 용어에 대해 알아봅니다.

- 생산가능인구 : 인구학적인 관점에서 경제활동이 가능한 만 15~64세까지의 인구를 말합니다. 그러나 노동력의 관점에서는 만 15세 이상 인구 전체를 의미합니다.
- 핵심생산가능인구 : 생산가능인구(15~64세) 가운데 경제활동이 가장 활발한 편인 25~49세에 해당하는 인구를 말합니다.
- 인구절벽 : 생산가능인구(15~64세)가 급속도로 줄어드는 현상을 의미합니다. 인구절벽현상이 발생하면 생산과 소비 등 경제활동이 위축돼 심각한 경제위기가 발생할 수 있습니다. 이는 미국의 경제학자이자 인구학자 해리 덴트가 제시한 개념입니다.

그럼, 주제에 대해 살펴봅니다.

현재 한국은 경제활동의 중추인 핵심생산가능인구(25~49세)가 통계청의 '2010년 인구총조사'에 따르면(2011년 6월 14일) 5년전 조사에 비해 36만 7천명이 감소하였습니다.

이와 같이 핵심생산가능인구가 감소하자, 많은 이들이 일본의 경우를 예를 들면서 큰 우려를 표시하고 있습니다.

일본의 경우를 보면 '핵심생산가능인구의 감소 → 소비감소→ 경기침체 → 저출산의 심화' 등으로 이어지는 악순환 고리가 생겼다는 것입니다.

한국보다 앞서 저출산 문제를 겪고 있는 일본의 경우, 1981년에 핵심생산가능인구가, 1996년에는 전체 생산가능인구(15~64세)가, 2008년부터는 전체 인구도 감소하기 시작했습니다.

한국의 경우, 지금의 추세대로 가면 2008년부터 핵심생산가능인구의 감소에 이어서 2017년부터는 생산가능인구가 감소할 것으로 전문가들은 추산하면서, 일본보다 더 심각할 수 있다고 전망하였습니다.

왜냐하면 일본은 그래도 시차를 두고 핵심생산인구, 생산가능인구 등의 감소를 맞았는데, 한국은 시차가 아주 좁아 그 충격이 일본보다 더 클 수 있기 때문이라고 하였습니다.

이에 많은 이들이 핵심생산가능인구, 생산가능인구 등의 감소에 미리 대처하는 것이 매우 중요하다고 합니다. 그렇지 않으면 인구절벽 아래로 떨어질 수 있기 때문입니다.

02
출산 책임 : 공동책임

● 저출산은 사회 구성원 모두의 책임입니다

요즈음 한국에선 아이를 한명만 낳거나 아예 아이 낳기를 포기하는 가정이 늘어나고 있습니다. 심지어 결혼을 미루는 젊은 이들도 늘어나고 있습니다.

그래서 아이가 둘 이상 되는 가정이 줄어들고, 결혼연령이 높아지고 있습니다. 이는 전형적인 저출산 추세입니다.

이에 대해 많은 이들이 한국의 저출산 추세를 이대로 두면 경제·사회적으로 많은 문제를 야기하여 삶의 질을 악화시킬 뿐만 아니라, 국가 자체가 소멸될 수 있다고 경고하고 있습니다.

그러므로 저출산의 지속현상은 매우 잘못된 현상입니다. 이에 대한 책임소재를 살펴봅니다.

이해를 돕기 위해 목동나라의 사례를 한 번 더 이어 갑니다.

출산 책임의 공방

목동나라의 2016년 합계출산율이 1.17명, 출생아수가 43.8만 명으로서 지난해보다 더 낮게 나타나자. 이에 놀란 한 시민이 전국출산협회에 질문을 보냈습니다. 질문요지는 아래와 같습니다.

"현재 저출산이 목동나라의 젊은이들이 아이를 특별히 싫어하기 때문입니까? 아니면 출산과 관련된 목동나라의 제반여건이 열악하기 때문입니까? 이의 책임소재도 알려 주시기 바랍니다."

그런데 시민의 질문서신을 받은 전국출산협회 내에서는 저출산에 대한 책임소재를 두고, 조급파와 논리파 간에 갑론을박하느라 답신이 늦어지고 있습니다.

조급파의 의견부터 살펴봅니다. 출산여부는 부부가 결정할 사항이므로, 이의 책임도 부부에게 있다는 것입니다. 즉, 출산은 '사적영역'이므로, 저출산의 책임은 국민에게 있다는 것입니다.

반면, 논리파의 의견은 이와 반대입니다. 젊은이들이 아이를 싫어해 안 낳는 게 아니라, 출산과 관련된 목동나라의 열악한 제반여건 때문에 아이를 적게 낳을 수밖에 없다는 것입니다.

그런데 목동나라의 제반여건은 '공적영역'이므로, 저출산에 대한 책임은 국가에 있다는 것이 논리파의 주장입니다.

이와 같이 양측의 의견 대립으로 민원에 대한 답신이 늦어지자 목동나라의 전국출산협회 회장은 신중파의 전문가들에게 민원에 대한 검토를 당부하였습니다.

출산 책임의 구분

전국출산협회 회장으로부터 당부를 받은 신중파 전문가들은 민원을 신중히 검토한 후, 그 결과를 회장에게 보고하였습니다. 아래사항은 신중파의 검토요지입니다.

『목동나라의 현 인구 규모를 지속적으로 유지하기 위해서는 합계출산율이 2.1명은 돼야 합니다. 그런데 2001년 1.297명으로 초저출산국가로 내려간 후 아직 이를 벗어나지 못하고 있습니다.

이처럼 출산율이 저조한 이유는 목동나라의 제반분야의 영향 때문입니다. 이 중에서도 6개 분야의 불안이 가장 큰 요인입니다. 왜냐하면 6개 분야의 불안이 결혼, 육아, 주위 환경을 어렵게 하여, 목동나라의 많은 젊은이들이 결혼 및 출산에 대해 소극적으로 행동하기 때문입니다.

이에 목동나라의 젊은이들이 결혼 및 출산을 안 하는 것보다 하는 것이 더 행복한 삶이 될 수 있게끔, 결혼, 육아, 주위 환경을 좋게 조성해야합니다. 즉, 선택할 수 있도록 해야 합니다.

그런데 이러한 환경 조성은 6개 분야의 불안이 해소되어야 가능합니다. 따라서 결국 저출산 해결의 관건은 6개 분야 불안의 해소에 달려 있다 하겠습니다.

이러한 상황에서 저출산의 책임소재를 살펴봅니다. 출산은 사적영역입니다. 반면 출산과 관련된 6개 분야는 공적영역입니다. 따라서 저출산에 대한 책임은 구성원 모두에게 있다 하겠습니다.

그런데 목동나라의 경우, 공적영역의 개선이 선행되어야 하므로, 국민보다 국가 사회의 책임이 우선입니다.』

위와 같은 신중파의 검토요지를 바탕으로 목동나라의 출산전문협회는 질의한 시민에게 아래와 같은 요지의 문서를 보냈습니다.

"목동나라의 출산율이 낮은 것은, 목동나라의 젊은이들이 아이를 특별히 싫어하기 때문이 아니라 출산과 관련된 목동나라의 6개 분야의 불안 때문입니다. 이에 대한 책임소재는 국가, 사회, 국민 등 모두에게 있습니다."

한국의 상황도 목동나라와 비슷하다고 생각됩니다. 그래서 한국이 최저출산국가가 된 것은 한국의 젊은이들이 아이를 특별히 싫어해서가 아니라고 생각합니다.

이는 한국의 많은 젊은이들이 출산과 관련하여 중요한 6개 분야의 열악한 여건에 불안을 느껴, 결혼 및 출산에 대해 소극적으로 행동하여 나타난 부정적인 외부효과라고 할 수 있습니다. (부정적인 외부효과란 누군가가 의도하지 않게 다른 사람에게 피해를 주면서도 이에 대해 아무런 대가도 지불하지 않는 현상을 말합니다.)

한국 저출산 해결의 관건도 목동나라의 경우처럼, 한국사회의 6개 분야의 불안해소 여부에 달려 있고, 한국에서의 저출산에 대한 책임소재도 목동나라의 경우와 같다고 하겠습니다.

그래서 출산은 사적영역이지만 출산과 관련된 중요분야의 여건은 공적영역이므로 저출산에 대한 책임은 국가, 국민을 포함한 한국 사회전체에 있다 하겠습니다.

다만, 공적영역의 개선이 선행되어야 하므로, 국민보다 국가 사회의 책임이 앞선다고 보아야 할 것입니다.

그러므로 한국 사회는 출산과 관련된 공적영역(6개 분야)부터 우선 개선한 다음에, 젊은이들에게 적정출산을 선택하도록 권유하는 것이 바람직한 순서라 하겠습니다.

03
추진 재정 : 예산절약(제도개선)

● 재정(세금)은 유한하므로 아껴 써야합니다

한국은 선거철만 되면 저출산의 대응과 관련하여 생색내기용 선심성 공약이 난무하고, 공약액수가 계속 치솟았습니다. 그래서 집권한 정부는 저출산을 거의 예산위주로 대응해 왔습니다.

예를 들면, 매년 저출산의 개선을 위해 예산을 작년보다 얼마만큼 많이 책정하였다는 식으로 생색을 내왔습니다. 그 결과 엄청난 재정을 투입하였음에도 저출산은 개선되지 않았습니다.

이처럼 예산위주의 대응은 매우 무모한 방법입니다. 왜냐하면 국가의 재정(세금)은 유한한 반면, 저출산의 대응에 필요한 돈은 계속 천문학적으로 엄청나게 증가할 전망이기 때문입니다.

그래서 저출산의 대응을 세금으로 조성된 국가의 재정으로만 감당할 경우, 현재와 같은 성장추세로는 엄청난 세금인상 등이 불가피합니다. 그러나 세금인상 등은 매우 조심해야 합니다.

예를 들어 살펴봅니다. 지난 정부는 집권초기에 국민건강을 향상을 시키겠다는 아주 좋은 취지로 담배 값을 크게 인상하였습니다. 그러나 이것이 지난 정부가 겪은 시련의 발단이 되었다는 시각이 적지 않습니다.

이처럼 취지가 아무리 좋아도, 국민이나 기업들은 자기 호주머니에서 돈이 나가는 것에 대해 무척 민감해하고 싫어합니다.

이에 저출산의 대응과 관련하여 세금을 올리려할 경우에 자칫 세금인상의 논쟁에 휘말려, 그 정권은 저출산의 대응을 제대로 못할 우려가 큽니다.

왜냐하면 세금인상은 발등의 불처럼 급하게 느껴지는데, 저출산은 후세대의 일처럼 느껴지기 때문입니다. 그래서 저출산과 관련한 세금인상은 가급적 삼가해야 합니다.

따라서 저출산의 대응에 필요한 재원의 마련은 세금을 인상하는 방안 보다는 다른 방안을 검토하는 것이 더 좋습니다. 그 규모가 너무 크기 때문입니다. 이에 대해 살펴봅니다.

기존분야의 중요성

우선 기존분야의 예산을 전용하는 방안에 대해 알아봅니다. 저출산의 대응과 관련한 예산은 많은 국민을 대상으로 하는 것이기 때문에 예산규모가 매우 큽니다.

이에 기존분야에서 예산을 전용할 경우, 여러 분야에서 많은 예산 가져와야합니다. 반면 예산을 전용당하는 분야는 예산이 엄청나게 줄어들게 됩니다.

그래서 예산을 전용당하는 분야에선 큰 규모의 예산 감소로 인해, 정책을 효과적으로 추진할 수 없어 예상치 못한 엄청난 문제를 야기할 수 있습니다.

왜냐하면 국가의 모든 분야는 정도의 차이는 있을지언정, 필요하지 않은 분야가 없기 때문입니다. 예로, 국가안보, 국민안전, 수출 분야 등을 살펴봅니다.

국가안보 분야를 살펴봅니다. 국가안보는 남북한이 대치하고 있는 현 상황 속에서 한순간도 방심할 수 없는 분야입니다. 그래서 할 일이 무척 많습니다. 따라서 이 분야의 예산에는 손을 댈 수 없습니다.

국민안전 분야를 살펴봅니다. 교통, 보건, 산업, 건설, 소방, 사회재난 등 여러 분야가 관련되어 있고, 대형사고가 나면 후유증이 엄청 심각합니다. 항상 만전을 기해야 하는 분야입니다.

그래서 이 분야 역시 예산에 손을 댈 수 없습니다.

수출 분야를 살펴봅니다. 수출은 현재 한국의 경제를 지탱하고 있는 버팀목이므로, 조금도 소홀히 할 수 없는 분야입니다. 수출전쟁은 갈수록 더 치열해 질 것 같습니다. 따라서 이 분야 또한 예산에 손을 댈 수 없습니다.

이와 같이 하나하나 따져보면 기존분야 중 중요하지 않은 분야가 없습니다. 따라서 기존분야의 예산 중 필요하지 않은 예산은 거의 없을 것입니다.

이처럼 기존분야는 대부분 매우 중요합니다. 그래서 기존분야에서 예산을 전용하기가 쉽지 않습니다. 이에 기존분야에서 예산 전용은 매우 제한적일 수밖에 없습니다.

제도개선의 필요성

저출산은 한국사회의 여러 분야 중 특히 6개 불안으로 인해 출산요건이 악화되어 출생아 수가 줄어드는 생존현상입니다. 이는 6개 불안 등과 관련한 한국사회의 시스템이 왜곡되어 야기되는 현상인 것입니다. 따라서 시스템부터 개선하는 것이 우선입니다.

첫 번째, 결혼환경을 악화시키는 취업불안 및 주거불안과 관련하여 살펴봅니다.

먼저, 취업불안은 취업을 원하는 젊은이들에 비해, 일자리가 크게 부족해서 야기되는 장기적 일상 불안 현상입니다. 이를 야기하는 현상은 다양합니다.

예를 들면, 저성장 시대가 되어 새로운 일자리가 적게 생기는 현상, 고령화로 인해 기존의 일자리가 적게 비는 현상, 일부 대기업들이 내수시장에 뛰어들어 경쟁을 심화시킨 현상 등입니다.

이러한 현상들은 시대에 비해 제도가 낡거나 미비해서 야기되는 결과입니다. 따라서 규제혁파 및 제도도입 등으로 제도개선부터 하는 것이 매우 중요합니다. 그렇지 않으면 효과는 나타나지 않고, 예산만 엄청나게 낭비하게 되기 때문입니다.

다음, 주거불안은 예비신혼부부들이 집값이 너무 비싸 신혼집을 구하기가 쉽지 않아 야기되는 장기적 일상 불안 현상입니다.

그렇지만, 이는 시장에서 수요공급에 의해 해결할 수 없는 비정상적인 상황입니다. 왜냐하면 주택 잉여국가이기 때문입니다.

이 또한 제도가 왜곡되어 나타나는 문제인 것입니다. 따라서 왜곡된 제도부터 바로잡는 것이 매우 중요합니다. 그래야 효과도 나타나고, 예산도 절약되기 때문입니다.

따라서 제도개선과 함께 예산을 투입하면, 적은 예산으로 일자리를 많이 창출할 수 있고, 적은 예산으로 신혼임대주택을 대량으로 공급할 수 있습니다. 이렇게 되면 결혼환경이 개선되어 삶의 질과 출산율이 향상됩니다.

두 번째, 육아환경을 악화시키는 보육불안 및 교육불안과 관련하여 살펴봅니다.

먼저, 보육불안 잘못된 제도상의 문제로 인해 보육여건과 관련하여 야기되는 장기적 일상 불안 현상입니다. 따라서 제도상의 문제점부터 고치는 것이 매우 중요하고 필요합니다. 그래야 효과도 나타나고, 예산도 절약되기 때문입니다.

다음, 교육불안 또한 잘못된 제도상의 문제로 인해 학생들과 학부모들이 열악한 교육여건과 관련하여 야기되는 장기적 일상 불안 현상입니다. 이에 제도개혁이 매우 필요한 것입니다.

그렇지 않으면 아무리 예산을 투입해도, 엄청난 사교육과 사교육비를 대폭 줄일 수 없기 때문입니다.

이에 예산을 제도개선과 함께 하면, 적은 예산으로 보육여건을 향상시킬 수 있고, 적은 예산으로 교육여건을 향상시켜 사교육과 사교육비를 크게 줄일 수 있습니다. 이렇게 되면 육아환경이 개선되어 삶의 질과 출산율의 향상됩니다.

세 번째, 주위환경을 악화시키는 노후불안 및 지역불안과 관련하여 살펴봅니다.

노후불안 및 지역불안 또한 잘못된 제도상의 문제로 인해 야기되는 장기적 일상 불안 현상입니다. 따라서 규제혁파 및 제도 도입 등으로 제도상의 문제점부터 고치는 것이 매우 중요하고 필요합니다.

그리하여 제도개선과 재정을 병용하면, 적은 예산으로 노인공경특별공동주택을 시군구마다 설치할 수 있고, 적은 예산으로 지방소재의 학교 및 기업을 육성할 수 있습니다. 이렇게 되면 주위환경이 개선되어 삶의 질과 출산율의 향상됩니다.

이처럼 예산절약 및 시행효과가 크게 기대되는 '제도개선과 함께 예산을 투입하는 방법'으로 저출산에 대응하는 것이 가장 바람직합니다. (제5장에서 구체적으로 제시)

2부

한국
저출산의
해결

[상황]

이 책의 목적은 앞에서 언급한 바와 같이 '출산수요'라고 정의한 한국의 젊은이들을 최대한 '유효 출산수요'화 할 수 있는 방안을 도출하여 한국의 저출산을 개선하는데 있습니다.

그래서 이 책의 전반부에선 '한국 저출산의 이해'에 중점을 두고, 한국 저출산의 실태, 원인, 대응 등을 살펴보았습니다.

살펴본 결과, 저출산을 개선하기 위해 한국 정부는 지난 10년 간 80조원이라는 막대한 예산을 투입하여 왔음에도 불구하고 안타깝게도 출산율이 제고되지 않았습니다.

이에 이 책의 후반부에선 '한국 저출산의 해결'에 중점을 두고, 전반부에서 살펴본 바를 바탕으로, 저출산의 대응방안을 마련하고자, 저출산의 본질부터 전면적으로 살펴봅니다.

독자 여러분의 이해를 돕기 위해 '약산나라와 호수나라의 대응 사례'를 통해, 저출산의 본질을 살펴본 후, 이를 인용하여 실질적인 대응 방안을 찾아보고자 합니다.

그럼, 약산나라와 호수나라의 대응 사례를 비교해봅니다.

옛날, 근처 약산에서 약초를 채집해서 사는 약산나라와 근처 호수에서 물고기를 잡아서 사는 호수나라가 있었습니다. (두 나라는 동화 속의 나라들입니다. 저자가 편의상 설정한 것입니다.)

그런데 어느 날부터 약산나라에선 약초가 적게 채집되고, 호수나라에선 물고기가 적게 잡히기 시작했습니다. 이에 대한 두 나라의 대응방법이 전혀 달랐습니다. 이에 대해 살펴봅니다.

먼저, 약산나라의 대응사례를 살펴봅니다.

약산나라의 사람들은 그간 약산의 약초채집으로 행복하게 살아왔습니다. 그런데 어느 날부터 약산에서 약초가 줄어들어 약초가 적게 채집되자, 약산나라의 사람들은 이 현상을 매우 심각한 문제로 보았습니다.

다시 말해 약초감소현상을 약산나라 사람들의 '생·사가 달린 문제'로 생각하였습니다. 그래서 이 문제해결을 위해 약산나라의 지도자들과 국민들은 함께 지혜와 힘을 모으기로 합의였습니다.

이에 지도자들과 국민들은 전문가들을 초빙하여, 약초가 감소하는 현상을 진단케 하고, 그들의 진단결과를 들었습니다.

전문가들은 "약초생태계에서 토질이 매우 중요한 생존여건 중

하나인데, 토질의 악화 등으로 약산에서 약초가 감소하고 있다. 그래서 약산의 토질을 향상시켜야 한다."고 진단하였습니다.

또한, 전문가들은 "토질의 복원 작업은 장기간 엄청난 재정과 노력을 투입해야하는 대사업이다. 그래서 국민들의 지지를 장기간 받을 수 있는 통합적인 정책이 필요하다."고 조언하였습니다.

이에 약산나라의 지도자들과 국민들은 전문가들의 의견을 받아들여 약산의 토질 향상을 '나라의 최우선 과제'로 정하고, 그 결과를 매년 함께 점검하기로 발표하였습니다.

이어서, 약산나라의 지도자들과 국민들은 적정수준의 약초 생태계를 유지관리하기 위해, 약초를 채집할 수 있는 양의 '최고한도와 최저한도'를 합리적으로 정하였습니다.

'약초채집의 최고한도'의 내용을 살펴보면 "성실한 보통 사람들이면 충분히 만족할 수 있을 만큼" 최고한도를 책정하여, 이에 의해 제한받는 사람들은 많지 않았습니다.

이렇게 성실한 사람들을 배려한 이유는 이들이 낸 세금으로 약산나라가 운영되기 때문입니다. 그렇지만 이는 약초를 마구 캐는 악덕업자들의 불법행위를 억제하는데 큰 도움이 되었습니다.

'약초채집의 최저한도'는 노약자나 원거리거주자 등을 위해 책정하였습니다. 아울러 접근이 용이한 약산입구에 '별도의 지역'을 선정하여 약초를 쉽게 채집할 수 있게끔 하였습니다.

이는 경쟁력이 약한 이들의 생계를 보장하기 위한 배려 차원에서 정한 것입니다. 이 또한 생계 때문에 어린 새싹 등을 은밀히 채집해온 이들의 위법행위 억제에 큰 도움이 되었습니다.

이와 같이 최고한도와 최저한도를 정함으로써 모두에게 도움이 되었습니다. 다시 말해, '경쟁과 상생의 조화'로 서로에게 이익이 되었습니다. 이를 좀 더 살펴봅니다.

최고한도는 세금 확보 및 무제한 채집행위 방지 등의 효과를 얻을 수 있었고, 최저한도는 경쟁력이 약한 사람들의 생계 보장 및 은밀한 채집행위 방지 등의 효과 등을 걷을 수 있었습니다.

이와 같이 약산나라의 지도자들과 백성들은 함께 지혜와 힘을 모으고, 경쟁과 상생을 조화시켜 마침내 20년 만에 약초생태계를 복원하였습니다.

약초생태계를 복원한 후에도 최고한도와 최저한도는 계속 이어졌습니다. 그리하여 약산나라는 약초채집으로 예전처럼 행복하게 살았습니다.

다음, 호수나라의 대응 사례를 살펴봅니다.

호수나라의 사람들은 그간 호수에서 물고기 잡이로 행복하게 살아왔습니다. 그런데 어느 날부터 호수에서 물고기가 감소하여, 물고기를 전처럼 많이 잡을 수 없게 되었습니다.

그렇지만 호수나라의 사람들은 이 현상을 일시적인 현상으로 보았습니다. 오히려 지도자들은 이런 현상을 정략적으로 활용하여, 각자의 입장에서 유리한 의견만 주장하였습니다.

또한 국민들도 자신들이 좋아하는 지도자들의 의견만을 무조건 지지하고 따랐습니다. 그 결과 이러한 의견들이 엄청난 '세

력화'가 되었습니다.

그래서 전문가들의 진단도 자기편의 의견과 다를 경우에 엄청나게 매도하고 받아들이지 않았습니다. 이에 끝내 호수나라의 지도자들과 국민들은 각자의 의견 차이를 좁히지 못하였습니다.

그래서 물고기 감소현상과 관련 어떠한 조치도 취하지 못했습니다. 그 결과, 호수나라는 호수에서 물고기가 줄어드는 원인이 호수의 수질 저하 등으로 인한 사실조차 알아내지 못하였습니다.

또한 호수나라의 지도자들과 국민들은 각자의 의견 차이로 인해 물고기를 잡을 수 있는 양을 조절하거나 통제할 수 있는 어떠한 규정(최고 및 최저한도)도 합의하지 못하였습니다.

이에 호수나라에서는 경쟁력이 강한 사람들이나 경쟁력이 약한 사람들이나 모두 각자의 능력에 따라 물고기를 잡을 수밖에 없는 상황이 되었습니다.

이와 같이 각자의 경쟁력만이 중요하게 되는 상황이 되자 돈이 많은 사람들은 물고기를 잡는 기업을 만들고, 첨단 어획 장비를 대량으로 확보하였습니다.

왜냐하면 조직이 크고 장비가 좋으면, 물고기를 더 많이 잡을 수 있기 때문이었습니다. 이로 인해 호수나라에선 '부익부 빈익빈'현상이 야기되었습니다.

또한 돈이 많은 사람들은 자신들의 기업들을 호수근처로 이전하였습니다. 왜냐하면 기업이 호수에서 가까울수록 물고기를 잡는데 여러모로 유리하였기 때문입니다.

이에 호수 근처로 사람들이 많이 몰려들었습니다. 그러자 상점, 공장, 병원 등도 호수근처로 몰려들었습니다. 이처럼 호수나라에선 '호수근처 집중화' 현상이 야기되었습니다.

이러한 현상들로 인해 경쟁력이 약한 사람들은 호수에서 먼 곳으로 밀려나 힘든 생활을 하게 되었습니다. 예를 들어 살펴봅니다.

청년들은 결혼을 엄청난 사치라고 생각하고, 젊은 부부들은 출산을 엄두조차 내지 못하고, 중년 부부들은 육아가 힘들어 아이 낳은 것을 후회하고, 노인들은 오래 사는 것을 한탄하였습니다.

마침내 이들은 힘든 생활을 견디지 못하고, 하나 둘씩 다른 나라로 이민을 갔습니다. (사람을 물고기와 같이 표현하는 것이 송구스러워 '이민'이라고 표현했습니다.)

세월이 흐를수록 호수의 수질이 더욱 저하되어, 호수의 물고기는 더욱 줄어들었습니다. 반면 호수의 물고기 잡이 경쟁은 더욱 치열해졌습니다.

이로 인해 경쟁에서 패해 호수 근처에서 밀려나, 힘든 생활을 하는 사람들이 계속 늘어났습니다. 또한 다른 나라로 이민을 가는 사람들도 계속 늘어났습니다.

마침내 호수의 수질 악화로 인해 호수의 물고기가 전부 사라지자, 사람들도 호수나라를 모두 떠나, 호수나라는 마침내 폐허로 변해 버렸습니다.

그럼, 약산나라와 호수나라의 교훈을 살펴봅니다.

첫 번째 교훈은 저출산은 복지차원의 문제가 아닌 생존차원의 문제로 보아야 한다는 점입니다. 즉, 이제부턴 저출산에 대한 인식을 전환해야 된다는 사실입니다.

왜냐하면 저출산은 생태계에서 생존여건이 악화되어 신생개체수가 감소하는 처절한 생존문제라는 점이기 때문입니다. 이에 대한 사례를 약산나라와 호수나라에서 살펴봅니다.

약산에서 약초가 감소하고 호수에서 물고기가 감소하는 것은, 약초 및 물고기의 중요한 생존여건인 약산의 토질 및 호수의 수질 등이 악화되어 야기된 생존문제인 것입니다.

이를 인식하고 대응한 약산나라의 경우는 토질 향상으로 약초가 증가했습니다. 반면, 이를 간과한 호수나라의 경우는 계속된 수질악화로 물고기가 사라졌습니다. 이처럼 생존문제인 것입니다.

두 번째 교훈은 저출산을 개선하기 위해선 경쟁과 상생의 조화가 매우 주요하다는 점입니다. 이의 사례를 살펴봅니다.

약산나라는 약초채집의 '최고한도와 최저한도'를 합리적으로 정하여, 경쟁력을 인정하고 약자를 배려하였습니다. 이처럼 경쟁과 상생을 조화시켜 생태계를 복원하여 모두 잘 살았습니다.

반면, 호수나라는 경쟁위주의 풍토로 인해 '부의 양극화' 현상 및 '호수근처 집중화' 현상이 야기되어 경쟁력이 약한 사람들은 계속 이민을 떠나, 끝내 호수나라는 폐허가 되었습니다.

세 번째 교훈은 저출산은 선·후 차이는 있을지언정 궁극적으로 집단 모두에게 해당되는 전체의 문제라는 점입니다. 이에 통합적 관점에서 보고 대응해야 합니다. 이의 사례를 살펴봅니다.

약산나라의 경우는 약초감소현상을 나라의 중대한 문제로 보았습니다. 전문가를 초빙, 진단하였습니다. 생태계 유지관리를 위해 약초채집의 최고 및 최저한도를 정했습니다.

이와 같이 토질 향상을 나라 전체의 문제로 보고, 경쟁과 상생의 조화에 많은 신경을 썼습니다. 이는 사실상 통합적인 관점에서 보고 대응한 것입니다. 그래서 성공했습니다.

반면, 호수나라의 경우는 물고기감소현상을 나라 전체의 문제로 보지 않았습니다. 그 결과, 호수의 물고기가 선·후 차이는 있을지언정 수질저하로 호수에서 전부 사라졌습니다.

이어서, 호수나라의 사람들도 선후 차이는 있을지언정 계속된 호수의 물고기 감소로 종내는 호수나라에서 모두 떠났습니다.

이상을 정리합니다.

먼저, 저출산은 '생존문제'이므로 생존차원에서 보아야합니다. 따라서 어떠한 경우에도 저출산을 복지문제로 오인하여, 생색내기용 선심성 지원방식으로 추진해서는 안 됩니다.

또한, 저출산은 '경쟁과 상생의 조화'가 제대로 안 되어 야기된 문제입니다. 이에 경쟁은 자제하고 상생은 증진시켜, 경쟁의 이점과 상생의 장점을 조화시키는데 최선을 다해야 합니다.

특히, 저출산은 집단 '전체의 문제'입니다. 따라서 집단 전체를 통합적 관점에서 보고, "소수의 탐욕을 억제하고, 다수의 행복을 추구"하는 방향으로 대응해야 합니다.

이와 같은 차원에서 이 책의 후반부를 전개할 것입니다. 그래야만 출산수요인 젊은이들이 많이 '유효 출산수요'화 되어 저출산이 조기에 개선될 수 있을 것으로 사료되기 때문입니다.

제1장

저출산에
대한
인식전환

한국 정부는 저출산의 개선을 주요 국정과제로 삼고, 지난 10년간 막대한 예산을 투입하여 저출산에 대응하여 왔습니다. 그러나 안타깝게도 저출산은 개선되지 않았습니다.

이에 한국 저출산의 대응방안을 처음부터 다시 살펴보지 않을 수 없는 상황이 되었습니다. 그래서 저출산의 본질부터 파악하고자 생태계의 사례를 살펴보았습니다. 그 결과 저출산의 본질이 복지의 문제가 아니라 생존의 문제로 파악되었습니다.

이제, 저출산에 대한 인식을 전환해야 합니다. 다시 말해 발상을 전환해야 합니다. 그래서 저출산의 문제는 복지차원이 아닌 생존차원에서 대응해야 됩니다.

이에 이번 장에선 저출산에 대한 인식을 전환하여, 제1절에선 저출산의 대응 시각에 대해, 제2절에선 저출산의 대응 초점에 대해, 제3절에선 저출산의 대응 범위에 대해 살펴봅니다.

01
대응 시각 : 생존 차원

● 출생아 수가 감소하는 생존차원의 문제입니다

한국은 저출산을 개선하기 위해, 지난 10년간 80조원이라는 막대한 예산을 투입하였으나 저출산은 개선되지 않았습니다. 이는 저출산을 복지문제로 오인하고 대응한 결과입니다.

왜냐하면 앞에서 살펴본 바와 같이 저출산은 본질적으로 생존문제이기 때문입니다.

이제 저출산에 대한 인식을 전환해야 합니다. 그래서 저출산을 생존차원에서 보고 대응해야 합니다.

이에 이번 절에선 생태계상의 저출산과 한국사회의 저출산을 비교해봅니다.

이를 통해 저출산에 대한 인식을 더욱 새롭게 하여, 저출산의 대응 시각을 확실히 하고자 합니다.

생태계상의 저출산

어떤 생명체의 생존과 관련된 생태계상의 모든 여건을 '생존 여건'이라고 하면, 그 생명체는 생존여건이 향상되면 출산율이 올라가는 것이 일반적인 현상입니다.

반면, 그 생명체의 생존여건이 저하되면 그 생명체의 출산율이 내려갑니다. 또 이러한 생존여건은 상황에 따라 수시로 변합니다. 예를 들어 살펴봅니다.

전쟁이 일어나면 생존여건이 급속히 악화되어 출산율이 빠르게 저하됩니다. 또한 지진, 홍수 등 천재지변으로 환경이 급변할 경우에 생존여건이 급격히 악화되어 출산율이 크게 내려갑니다.

그리고 식량이 크게 부족할 경우, 어떤 요인에 의해 장기간 불안이 지속될 경우, 장기간 위협을 받거나 전염병이 계속 전파될 경우 등에는 생존여건이 저하되어 출산율이 감소합니다.

반대로 생태계에서 평화가 계속되고, 좋은 환경이 지속되고, 식량이 풍부하고, 불안이나 위협 및 발병원인이 등이 없을 경우에는 생존여건이 향상되어 출산율이 증가합니다.

이처럼 생태계에서 부정적 요인이 지배하면 생존여건이 저하되어 출산율이 감소되는 반면, 생태계에서 긍정적 요인이 지배하면 생존여건이 향상되어 출산율이 증가되는 게 일반적입니다.

이상을 정리합니다. 저출산은 생태계에서 생존여건의 저하로 출생아 수가 감소하는 생존문제입니다. 이에 저출산을 생존문제로 보고, 저출산에 대응(생존여건의 향상)해야 합니다.

한국사회의 저출산

그럼, 전항에서 살펴본 바를 한국 사회와 연관시켜 살펴봅니다. 한국사회의 생태계는 '한국사회의 제반분야'이고, 한국사회의 생존여건은 한국사회의 '제반분야의 여건'이라고 할 수 있습니다.

현재 한국 사회에서 저출산이 지속되고 있습니다. 이는 어떤 부정적 요인의 영향에 의해서 한국사회의 생존여건이 저하되어 출생아수가 감소하고 있다는 의미입니다.

이에 한국사회의 생존여건을 저하시켜 출생아수를 감소시키는 어떤 부정적 요인을 조속히 찾아 치유해야 합니다. 마침, 앞에서 한국에서 저출산이 계속되는 이유를 살펴본 바 있습니다.

이미 살펴본 바에 의하면, 한국에서 저출산이 계속되는 가장 중요한 원인은 한국사회의 제반분야 중 6개 분야의 열악한 여건 등으로 야기된 불안(장기적 일상 불안)때문입니다.

그러므로 출산율을 올리기 위해선, 한국사회는 6개 분야의 불안을 빨리 해소해야 합니다. 이에 저출산 해결의 핵심은 6개 분야의 불안을 어떻게 신속히 해소하느냐에 달려 있다 하겠습니다.

이상을 정리합니다. 한국사회의 저출산은 생태계상의 저출산과 똑같은 생존문제입니다. 이에 저출산을 생존문제로 보고, 저출산에 대응(6개 분야의 불안해소)해야 합니다.

대응 초점 : 상생 증진

● 경쟁과 상생의 조화가 중요합니다

이기심과 경쟁심은 인간의 본성입니다. 그래서 사람들은 이기심이나 경쟁심에서 영원히 벗어날 수 없습니다. 이기심과 경쟁심은 동전의 양면과 같습니다. 왜냐하면 경쟁심은 이기심을 바탕으로 하기 때문입니다.

그래서 통상 이기심과 경쟁심은 하나로 결합하여 '이기심을 밑바탕으로 한 경쟁'으로 나타나는 경우가 일반적입니다. (다만, 이기심이나 경쟁심은 외부로 표출되지 않고, 사람의 가슴속에 있는 동안은 다른 사람이 알기 힘듭니다.)

경쟁은 상대와의 겨룸이나 평가 등을 말합니다. 이러한 경쟁의 행태는 다양합니다. 예를 들면 개인 간엔 입사시험 등, 회사 간엔 제품경쟁 등, 국가 간엔 체육경기 등 있습니다.

경쟁이 지나치게 격화될 경우에 충돌(격투, 소송, 전쟁)하게 됩니다. 인류의 역사는 이기심을 바탕으로 한 경쟁이나 전쟁의 역사라고 해도 과언이 아닙니다. 이를 살펴봅니다.

원시시대의 경우, 경쟁이나 격투 등을 통해 강한 자가 씨족장이 되어 씨족을 지배하였습니다. 이어서 경쟁력이 강한 씨족이 전쟁을 통해 약한 씨족을 합병, 부족을 형성하였습니다.

중세시대의 경우, 강한 힘을 가진 집단의 지도자가 전쟁을 통해 왕조를 건설하였습니다. 그러나 그 왕조의 힘이 약화되면, 강한 새 집단이 전쟁 등을 통해 새 왕조를 건설하였습니다.

현대에 와서는 경쟁 및 힘의 행태가 크게 변화되었습니다. 가장 큰 변화는 무력이나 전쟁대신 선거를 통해 정치권력을 획득합니다. 이에 선거 행태가 전쟁만큼 치열하여 선거전이라고 합니다.

이외에도 변화된 권력이 많습니다. 예를 들면, 언론권력, 노조권력 등입니다. 이들 권력도 강하고, 영향력이 대단합니다. 이처럼 오늘날에는 경쟁 및 힘의 형태가 다양해졌습니다.

이와 같이 '경쟁'은 인류의 역사를 이끌어 왔습니다. 다만, 역사의 방향은 경쟁의 밑바탕에 있는 이기심에 의해 결정되었습니다.

예를 들면, 이기심이 순수한 경우에는 경쟁은 역사를 인류에게 유익한 방향으로 움직여 왔고, 그렇지 않은 경우에는 유해한 방향으로 움직여 왔습니다. 이를 살펴봅니다.

먼저, 이기심이 순수한 경쟁을 살펴봅니다.

순수한 이기심은 시장경제체제를 지탱해주는 근본 배경이 됩니다. 왜냐하면 이기심에 의해 시장의 자율적 기능이 작동되어 자원을 효율적으로 배분하기 때문입니다.

순수한 이기심은 자신을 지탱해주는 힘의 원천이 됩니다. 이에 이기심을 '자기애'라고 부르기도 합니다.

이외에도 이기심이 순수한 경쟁은 많은 분야에서 유익한 작용을 합니다. 작게는 능력을 공정하게 평가해주고, 스포츠처럼 아름다운 경쟁은 사람을 즐겁게 해줍니다.

나아가 이러한 경쟁은 창조, 발명, 발견 등을 부추겨 사회의 발전을 선도하는 작용을 합니다. 특히 시장에서의 경쟁은 독점을 방지하여, 소비자의 선택권을 보장해 줍니다.

다음, 이기심이 지나친 경쟁을 살펴봅니다.

이기심이 지나친 경쟁은 부의 양극화 및 불평등은 물론 고비용 및 저효율 현상을 야기하여 사회를 매우 힘들게 합니다. 이러한 예를 한국 사회에서 살펴봅니다.

양극화 및 불평등

한국의 경우, 이기심이 지나친 경쟁으로 사회의 제반분야에서 양극화 및 불평등이 심화되고 있습니다. 여기서는 이를 출산과 관련이 깊은 6개 분야를 중심으로 살펴봅니다.

첫 번째로 고용분야와 관련하여 살펴봅니다. 수출경쟁이 갈수록 치열해지고 있습니다. 이로 인해 경제 양극화 및 불평등이 심화되고 있습니다. 이는 세계적인 추세입니다.

내수분야엔 일부 대기업들이 뛰어들어 지나친 경쟁을 야기하여 시장을 거의 독식하고 있습니다. 이처럼 불공정한 경쟁으로 고용의 텃밭인 전통시장, 골목상권, 자영업 등을 붕괴되고, 소득의 양극화 및 불평등이 심화되고 있습니다.

이와 같이 수출과 내수분야에서 소득의 양극화 및 불평등을 심화현상으로 일자리가 늘어나지 않고 있습니다.

두 번째로 주거분야와 관련하여 살펴봅니다. 주거는 삶의 보금자리입니다. 그러므로 인간다운 삶을 누리기 위해선 주거마련이 필수적입니다. 그런데 한국에선 집이 부의 양극화 및 불평등의 주요 원인이 되고 있습니다.

우선, 한국에선 집값이 너무 비싸, 집의 소유 유무로 인한 차이가 매우 심합니다. 다음, 월급증가율보다 집값상승률이 더 높아, 가만히 있어도 집값이 오릅니다. 또한, 자녀가 결혼을 할 때, 집을 사주는 집안도 있습니다.

이는 집이 없는 사람들의 입장에서 볼 때 엄청난 차이고 불평등인 것입니다. 이에 주택이 부의 양극화 및 불평등의 근본 원인이라는 이도 있습니다.

세 번째로 보육분야와 관련하여 살펴봅니다. 유아기 교육은 생애단계별 교육에서 효과가 가장 높아, 평생을 좌우합니다. 이에 좋은 보육은 부의 양극화 및 불평등을 해소에 크게 기여합니다.

그런데 한국의 경우, 보육여건이 열악하여 좋은 보육을 못 받는 가정이 많습니다. 이로 인해 한국에서 보육이 부의 양극화 및 불평등을 심화시키는 요인으로 작용합니다.

네 번째로 교육분야와 관련하여 살펴봅니다. 한국의 학원은 입시 전문가 선생님들이 모여 입시만 연구하고 가르칩니다.

그래서 능력이 비슷한 경우, 사교육을 받은 학생들이 입시에서 약간이나마 유리합니다. 이는 엄청난 것입니다. 왜냐하면 입시에선 근소한 차이로 당락이 결정되기 때문입니다.

한국에선 명문대학의 입시가 치열하여, 학생들이 어릴 때부터 사교육을 받습니다. 그래서 사교육비용이 엄청납니다. 이에 능력이 비슷하더라도, 가정 형편에 따라 아이들의 장래가 다르게 나타납니다. 예를 들어 살펴봅니다.

부유한 가정의 아이들은 사교육을 충분히 받아 원하는 대학입시에 합격하고, 그 결과 원하는 대기업에 입사하여 결혼도 쉽게 할 확률이 높습니다.

반면, 부유하지 못한 가정의 아이들은 사교육을 제대로 받지 못해 원하는 대학입시에 근소한 차이 떨어져, 원하지 않은 대학을 나와 취업도 힘들고 결혼도 힘들 확률이 높습니다.

이와 같이 한국의 입시경쟁은 부유한 사람에게 유리하고, 가난한 사람에게 불리한 경쟁입니다. 이처럼 불공정한 경쟁으로 한국에선 교육이 부의 양극화 및 불평등을 심화시킵니다.

다섯 번째로 노후분야와 관련하여 살펴봅니다. 선진국에선 은퇴는 행복한 제2의 인생의 시작을 의미하는 반면, 한국에선 은퇴는 고통의 시작을 의미합니다. 이는 노후준비 부족으로 은퇴 후, 불안한 노후를 보내는 이가 많기 때문입니다.

이는 앞단추를 잘못 끼운 결과입니다. 예를 들면, 과거에 지나친 경쟁으로 보육비용, 사교육비, 대학등록금, 결혼비용 등에 쏟아붓다보니 야기된 결과인 것입니다.

더 큰 문제는 고령화의 진전과 더불어, 노후준비를 제대로 못하고 은퇴하는 이들이 많아지고 있습니다. 그래서 노인들의 경우, 부의 양극화 및 불평등이 더욱 심화되고 있습니다.

여섯 번째로 지역분야와 관련하여 살펴봅니다. 한국의 지방은 국민 절반의 삶터입니다. 지역불균형 현상으로 인해 지방이 대도시보다 제반 분야에서 열악합니다. 특히 취업과 교육여건이 열악합니다. 이를 살펴봅니다.

지역불균형의 심화로 지방에서 인구가 감소함에 따라 기업 및 학교가 사라지고 있습니다. 이에 따라 그만큼 취업하기가 힘들어지고, 자녀교육이 어려워집니다. 이는 지방과 도시 간의 부의 양극화 및 불평등을 더욱 심화시킵니다.

지금까지 '이기심이 지나친 경쟁'으로 인해 부의 양극화 및 불평등이 심화되는 현상을 살펴보았습니다. 이를 경쟁과 상생의 조화로 조속히 개선해야 합니다.

고비용 및 저효율

한국의 경우, 이기심이 탐욕으로 변질되어 사회 곳곳에서 지나친 경쟁이 야기되어, 고비용 및 저효율 현상의 심화로 한국 사회를 힘들게 하고 있습니다.

이번에도 출산과 관련이 깊은 6개 분야를 중심으로 고비용 및 저효율 현상에 대해 살펴봅니다.

첫 번째로 고용분야와 관련하여 살펴봅니다. 수출기업들은 전과 달리 갈수록 치열해지는 수출경쟁에 의한 고비용 및 저효율 현상의 심화로, 수출기업들이 매우 힘든 상황입니다.

내수분야에서도 일부 대기업들이 내수시장에 뛰어들어 자본력이 약한 전통시장, 골목상권, 자영업 등은 경쟁에서 밀려 나고 있는 상황입니다.

이처럼 한국은 수출은 물론 내수분야에서도 경쟁이 치열해져, 고비용 및 저효율 현상의 심화로 일자리 창출을 어렵게 하여 일자리가 매우 부족한 현상입니다.

이러한 일자리 부족 현상은 지나친 취업경쟁을 야기하여, 사람들까지 고비용 및 저효율 현상을 심화시켜, 한국 사회를 더 힘들게 하고 있습니다,

두 번째로 주거분야와 관련하여 살펴봅니다. 집은 삶의 보금자리인데, 한국에선 집이 고비용 및 저효율 현상을 심화시키는 주요 원인이 되고 있습니다. 이를 살펴봅니다.

우선, 집값이 너무 비쌉니다. 다음, 월급증가율보다 집값 상승률이 더 높아, 집값이 갈수록 비싸집니다. 이처럼 집은 한국에서 고비용 및 저효율 현상을 심화시켜, 집 없는 사람들을 힘들고 불안케 합니다.

세 번째로 보육분야와 관련하여 살펴봅니다. 한국의 학부모들은 자녀교육에 관심이 많아, 유아들을 어린이집이나 유치원에 일찍 취학시킵니다. 또한, 유아시절부터 선행학습을 시킵니다.

왜냐하면 이웃 아이들은 학원에 다니는데, 자기 아이만 안 보내면 불안하기 때문입니다. 이는 고비용 및 저효율 현상을 심화시켜, 젊은 부부들을 힘들고 불안케 합니다.

네 번째로 교육분야와 관련하여 살펴봅니다. 한국에선 명문대학교의 입시경쟁이 매우 치열합니다. 이에 10년 넘게 사교육을 받아, 대학에 들어갑니다. 또한 대학에서도 취업시험에 대비 사교육을 받습니다.

이에 한국에서 자녀를 키우는 데 엄청난 돈이 듭니다. 그래서 자녀 1명을 대학졸업 때까지 키우는데 약 3억 원이 든다고 합니다. 엄청난 고비용 및 저효율 현상입니다.

이와 같이 엄청난 돈을 들여 대학까지 뒷바라지를 하였음에도 불구하고 명문대학의 경우도 미취업상태로 대학을 졸업하는 이들이 거의 절반이 됩니다. 이를 살펴봅니다.

한국의 산업구조는 중소기업(99%)이 대기업보다 훨씬 많습니다. 그래서 중소기업이 한국 고용의 대부분(약 88%)을 담당합니다. 예를 들어봅니다.

중소기업을 서까래 만드는 회사, 대기업을 대들보 만드는 회사로 비유한다면, 대들보 만드는 기술자들보다 서까래 만드는 기술자들이 더 많이 필요할 것입니다. 이는 상식입니다.

그런데 한국은 반대로 서까래 만드는 기술자들보다 대들보 만드는 기술자들이 훨씬 더 많습니다. 이는 고교까지 졸업자들(31%)보다 대학이수자들(69%)을 더 많이 배출한 결과입니다.

그 결과, 대기업은 일할 사람이 넘치고, 중소기업은 일할 사람이 부족해서 걱정입니다. 이에 대졸자의 거의 절반이 천덕꾸러기 신세가 되고 있습니다. 엄청난 고비용 및 저효율 현상입니다.

이와 같이 교육분야에선 왜곡된 대입경쟁과 지나친 대학이수자의 배출로 2중으로 심각한 고비용 및 저효율 현상을 초래하여 젊은이들을 더욱 힘들고 불안케 합니다.

다섯 번째로 노후분야와 관련하여 살펴봅니다. 인간의 수명이 급속하게 늘어나고 있습니다. 이는 분명 축복해야할 일입니다. 그렇지만 한국에선 이를 축복으로 받아들이지 못하는 노인들이 많습니다.

이는 자녀와 관련한 지난날의 지나친 경쟁으로 인한 결과입니다. 예를 들면 보육비용, 사교육비, 대학등록금, 결혼비용 등에 쏟아붓다보니 야기된 결과인 것입니다.

이와 같은 한국의 비정상적인 세태는 고비용 및 저효율 현상을 심화시켜, 노후준비를 제대로 못해 은퇴 후, 불안 속에서 지내는 노인들이 해마다 늘어나고 있습니다.

여섯 번째로 지역분야와 관련하여 살펴봅니다. 한국에선 지역불균형 현상이 매우 심각한 수준입니다. 이로 인해, 모든 면에서 대도시와 지방간의 격차가 엄청납니다. 그 중에서도 취업과 교육여건에 대한 차이가 가장 큽니다.

먼저, 취업 관련 예입니다. 근래 5년간 늘어난 일자리 중 약 92%가 수도권에서 늘어났습니다. 반면, 국민의 반이 살고 있는 수도권 밖에서 늘어난 일자리는 겨우 8%에 불과 했습니다.

다음, 교육 관련 예입니다. 저자는 얼마 전까지 지방에서 지냈습니다. 어린 새싹의 둥지인 초·중·고등학교가 매년 줄어들어, 자녀를 도시로 보내는 경우를 여러 번 목격한 바 있습니다.

위 예에서 보듯이, 지역불균형으로 지방에서 취업 및 자녀교육 등으로 고비용 및 저효율 현상을 심화시켜, 지방에 사는 사람들을 힘들고 불안케 합니다.

지금까지 '이기심이 지나친 경쟁'으로 인해 고비용 및 저효율이 심화되는 현상을 살펴보았습니다. 이에 경쟁과 상생의 조화로 고비용 및 저효율 현상을 조속히 개선해야 합니다.

이상을 저자 나름대로 정리해봅니다.

어떤 공동체가 지속적인 발전과 행복을 누리기 위해선 '경쟁과 상생의 조화'가 매우 중요합니다. 즉, 경쟁의 이점과 상생의 장점을 모두 살려 나가야합니다.

그러나 대부분의 경우 지나친 경쟁으로 싸움만 하고, 상생의 정신은 찾아보기 힘듭니다. 이에 많은 이들이 상생의 증진을 강조하는 것입니다. 따라서 상생은 증진될수록 좋습니다.

경쟁이 지나치면 통상 부의 양극화 현상이 야기되고, 이로 인해 곧 불평등 현상이 뒤따릅니다. 또한 경쟁이 지나치면 불가피하게 고비용 및 저효율 현상을 초래하게 됩니다.

반면, 상생이 증진되면 통상 부의 양극화 및 불평등 현상의 개선에 기여합니다. 이는 자연스럽게 저비용 및 고효율 현상으로 이어집니다. 이에 상생의 증진을 계속 강조하는 것입니다.

그렇다고 경쟁의 이점을 무시하자는 게 아닙니다. 다만 지나친 경쟁은 자제하고 상생은 증진시켜 '경쟁과 상생의 조화'를 이루어 공동체의 발전과 행복을 함께 추구하자는 것입니다.

이에 저자는 저출산 대응의 초점을 '경쟁과 상생의 조화'에 두고, 부의 양극화 및 불평등 현상의 개선과 저비용 및 고효율 구조의 개혁을 최우선에 둡니다.

따라서 저자는 경쟁과 상생이 조화가 되어야 저출산이 개선된다고 보고, '경쟁의 자제와 상생의 증진'으로 경쟁과 상생이 조화될 수 있는 방안을 마련하고자 합니다.

03
대응 범위 : 전체 통합

● 저출산은 부분이 아닌, 전체통합의 문제입니다

그간 한국은 저출산을 복지문제로 인식하고, 복지혜택 대상을 선별하여 시행하였습니다. 그 결과, 지난 10년간 막대한 예산을 투입하였음에도 불구하고 저출산은 개선되지 않았습니다.

이는 "생태계에서 저출산은 궁극적으로 집단 전체의 생존문제인 점"을 간과하였기 때문입니다. 이에 대해 살펴봅니다.

전체통합의 문제

앞에서 다룬 호수나라의 대응사례를 다시 살펴봅니다. 호수의 물고기가 호수의 수질 저하에 의한 신생개체 수의 감소로, 시간 차이는 있었어도 끝내 호수에서 물고기가 전부 사라졌습니다.

또한 호수나라 사람들의 중요한 생계수단인 호수의 물고기가 감소함에 따라 호수나라에서 사람들은 떠나기 시작했습니다. 마침내 호수에서 물고기가 고갈되자, 사람들도 모두 떠났습니다.

이와 같이 생태계에서 저출산은 선·후 차이는 있을지언정 궁극적으로 집단전체의 생존문제인 것입니다.

한국의 경우도 마찬가지입니다. 예를 들면, 결혼을 미루거나 기피하는 행위도, 아이를 적게 낳거나 아이 낳기를 기피하는 행위도 모든 계층에서 일어나는 현상입니다.

물론 세세히 따지면 경우에 따라 약간의 차이는 있습니다. 그러나 크게 보면 거의 같습니다. 이에 모든 계층에서 저출산 분위기가 조성되고 있다고 할 수 있습니다.

따라서 저출산의 대응 시엔 모든 계층이 포함된 전체를 대상으로 삼아 추진해야 합니다. 그런데 한국의 경우, 저출산의 대응대상을 전체로 통합하지 않았습니다. 이를 살펴봅니다.

주거분야의 경우, 출생자녀 수를 기준으로 대응대상에 차등을 두었습니다. 노후분야는 소득을 기준으로 대응대상에 차등을 두었습니다.

또한 보육분야의 경우엔 처음에는 소득기준으로 대응대상에 차등두다가, 뒤에는 '아이 엄마의 취업 유무'를 기준으로 변경하여 대응대상에 차등을 두었습니다.

그리고 취업, 교육, 지역분야는 경제 및 지역의 양극화로 계층 간 또는 지역 간 차이가 심화된 상태입니다. 그런데 이를 방임하였으므로, 이들 분야도 사실상 차등을 둔 셈입니다.

이와 같이 한국의 경우, 저출산의 대응대상을 전체로 통합하지 않고 추진한 결과, 10년간 80조원이라는 막대한 예산을 투입하였음에도 불구하고 저출산은 개선되지 않았습니다.

위의 기준들이 부조리하다고 비판하는 것이 아닙니다. 위처럼 대응대상을 전체로 통합하지 않고 추진하는 경우 효율이 크게 떨어진다는 점을 지적하는 것입니다.

따라서 생태계에서 저출산은 선·후 차이는 있을지언정 궁극적으로 집단전체의 생존문제인 점을 감안하여, 저출산의 대응 시엔 전체를 통합적 차원에서 추진해야 합니다.

공평지원의 문제

앞에서 다룬 바와 같이 생태계에서 저출산은 선 · 후 차이는 있을지언정 궁극적으로 집단 전체의 생존문제인 것입니다. 따라서 저출산의 대응 시엔 형평성의 영향을 고려하여야 합니다.

왜냐하면, 사람들은 다른 생물들과 달리 생존여건의 상태를 다른 사람들과 비교하여, 생존여건의 호불호를 주관적으로 판단하는 경향이 많기 때문입니다.

그래서 생존여건의 상태가 형평성의 측면에서 미흡하다고 느끼는 경우, 사람들은 출산을 적게 합니다. 이의 사례로 일부 선진국들의 저출산 현상을 들 수 있습니다.

선진국들은 개발도상국들보다 경제 수준뿐만 아니라 제반 복지수준이 비교적 높은 편임에도 불구하고, 상당수의 선진국들이 저출산으로 고민하고 있습니다.

이의 원인은 많겠지만, 우선 선진국들은 경제 양극화의 격차가 심해 생존여건의 상태가 불공평하다고 판단한 사람들이 많다는 것을 의미합니다.

이처럼 저출산은 집단전체의 형평성이 중요시되는 문제입니다. 한국의 경우도, 이미 부의 양극화가 상당히 진행되어, 한국사회를 공평하지 않다고 보는 사람들이 적지 않은 상황입니다.

이러한 상황에서 복지지원 대상에 일부 계층만 포함시킴으로서, 이에 포함되지 않은 계층은 정부의 처사가 공평성이 결여된 행위라고 보고 출산을 적게 합니다.

이처럼 저출산은 대상 전체에 대한 공평지원의 여부가 중요시되는 문제입니다. 따라서 집단 전체를 대응대상으로 삼아 공평하게 지원을 해야 합니다. 그래야 출산율이 올라갑니다.

저출산 대응의 효과적인 추진 방법은 저소득층 지원 대책과 구별하여, 추진하는 것입니다.

그러면, 저소득층 지원 대책은 다른 계층과 마찰 없이 선별복지를 시행할 수 있고, 저출산 대응대책은 전체를 통합하여 재정 범위 내에서 공평하게 지원할 수 있습니다.

그리고 저출산 대응 대책을 통해 지원되는 돈은 받는 사람(자녀의 경우는 수입이 많은 부모)의 소득에 포함토록 합니다. 그럼, 소득세가 누진세이므로, 세금을 통해 형평을 이룹니다.

제2장

**행복한
적정출산의
방안**

이번 장은 앞에서 살펴본 바를 바탕으로 적정출산 방안을 마련하는데 있습니다. 여기가 이 책의 핵심 중의 하나입니다.

지금까지 앞에서 살펴본 바를 모두 상기해봅니다. 그리하여 향후 저출산의 대응과 관련하여 반듯이 염두에 두어야할 사항들을 추론해봅니다.(이를 위해 지금까지 달려온 것입니다.)

추론 시 가장 바탕으로 삼아야 할 사항은 저출산의 본질이 생존문제라는 점입니다. 이와 함께 바탕으로 삼아야 할 사항은 6개 불안이 항아리의 구멍과 같은 점입니다. 이를 바탕으로 아래와 같이 처럼 추론해봅니다

첫 번째, 저출산은 본질이 생존문제라는 점입니다. 그래서 저출산 관련 문제는 복지차원이 아닌 생존차원에서 다루어야합니다. 예를 들어 살펴봅니다.

먼저, 저출산은 처음에는 미미하지만, 갈수록 삶의 질을 저하시키면서 국가의 생존까지 위협합니다. 이처럼 저출산은 미리 대응하지 않으면 뒤에 무서운 재앙으로 나타나 생존을 위협합니다. 이에 저출산은 생존차원에서 미리 대응해야합니다.

다음, 저출산은 가족계획에 의한 결과의 산물입니다. 이는 많은 사람들이 출산 관련 요인을 불신하여, 출산을 선택하고 있지 않음을 의미합니다. 이는 재앙의 예고입니다. 이에 생존차원에서 출산 관련 요인에 대한 신뢰를 조속히 확보해야합니다.

특히, 저출산은 시간적으로 다급한 문제입니다. 왜냐하면 저출산은 반감기가 약 30년인 방사능 물질처럼, 출생아수가 약 30년마다 거의 반으로 감소하기 때문입니다. 이에 저출산은 현재의 문제입니다. 그러므로 생존차원에서 조속히 해결해야합니다.

이와 같이 저출산은 재앙처럼 무섭고, 신뢰가 요구되고, 시간적으로 다급한 현재의 문제이므로, 생존차원에서 저출산의 핵심 원인인 6개 분야의 불안에 필사적으로 대응하여, 이의 불안을 조속히 해소해야합니다.

두 번째, 저출산은 선후는 있을지언정 궁극적으로 집단전체의 생존문제라는 점입니다. 이에 저출산 관련 문제는 전체의 통합차원에서 다루어야합니다. 예를 들어 살펴봅니다.

먼저, 저출산은 정도의 차이는 다소 있지만, 거의 모두가 힘겹게 겪는 문제입니다. 그러므로 집단의 누구든 차별을 해서는 안됩니다. 이에 통합차원에서 지원 사항은 무엇이든 기본소득의 개념으로 집단 모두에게 공평하게 분배해야 합니다.

다음, 저출산은 여러 분야에서 살기가 힘들어 야기되는 장기적 일상 불안들에 의한 문제입니다. 그런데 이들 불안들은 상호 연계된 사실상 같은 문제인 것입니다. 이에 저출산 관련 여러 문제가 같이 해결되도록, 통합차원에서 조정해야 합니다. 안 그러면 개선효과가 크게 줄어듭니다.

특히, 저출산은 사실상 왜곡된 사회구조의 산물입니다. 그러므로 저출산을 잘못된 사회구조를 그대로 두고 예산위주로 대응하면, 예산만 천문학적으로 들어가고 효과는 미미합니다. 반면, 통합차원에서 제도개선(규제혁파)과 함께 예산을 투입하면, 예산은 크게 절약되고 효과는 크게 나타납니다.

이와 같이 저출산은 집단전체가 겪는 왜곡된 사회구조의 산물이므로, 전체의 통합차원에서, 공평지원 및 통합조정 그리고 제도개선 등이 매우 중요합니다. 이러한 점들을 유념하여, 6개 분야의 불안을 조속히 해소해야 합니다. 나아가 통합차원에서 전체의 생존을 위해 불필요한 규제는 과감히 철폐해야 합니다.

세 번째, 저출산은 경쟁이 지나치거나 상생이 위축되는 경우에 나타나는 문제라는 점을 깊이 유념해야 합니다. 그래서 저출산 관련 문제는 '경쟁과 상생의 조화'차원에서 다루어야 합니다. 이를 살펴봅니다.

먼저, 저출산은 지나친 경쟁의 산물이라고 해도 결코 지나치지 않습니다. 왜냐하면 지나친 경쟁은 필연적으로 심한 고비용 및 저효율 현상을 야기하여 삶의 질과 출산율을 크게 저하시킵니다. (사실 밑 빠진 독에 물 붓기와 같다고 할 수 있습니다.)

이에 한국은 경제규모가 10위권 초반임에도 사는 게 몹시 고달픈 것입니다. 따라서 이 경우에는 '경쟁과 상생의 조화'차원에서, 우선 지나친 경쟁을 억제하여 고비용 현상을 타파해야 합니다.

다만, 경쟁의 억제는 합리적으로 해야 합니다. 왜냐하면 경쟁이 심하다고 해서 약자를 위해, 강자에 대해 과도한 규제를 할 경우엔 둘 다 퇴보하게 되기 때문입니다. 예를 들면 비수도권의 발전을 위해 수도권을 규제한 결과, 둘 다 퇴보하고 있습니다.

이 경우 발상을 전환하여 강자에 대한 과도한 규제보다 약자에 대한 지원을 크게 하면 상생을 도모할 수 있습니다. 이에 수도권은 합리적으로 규제하고, 비수도권은 파격적으로 지원하여 상생을 도모해야합니다

다음, 저출산은 상생이 위축된 결과의 산물입니다. 왜냐하면 상생이 위축되면 필연적으로 양극화(부, 소득, 일자리) 및 불평등을 심화시켜, 삶의 질과 출산율의 저하로 이어집니다.

이에 한국은 국민평균소득이 매년 늘어나고 있음에도 불구하고, 어려운 사람들이 매년 늘어나는 것입니다. 따라서 이 경우에 '경쟁과 상생의 조화'차원에서, 우선 상생을 증진 시켜 양극화 현상의 심화를 억제해야 합니다.

다만, 양극화의 억제는 합리적인 방법으로 해야 합니다. 왜냐하면 상생이 극도로 위축된 상황일지라도, 양극화의 억제를 위해

경쟁을 중지시키고 상생만 강조할 경우, 모두 공멸하기 때문입니다. 따라서 어떠한 경우에도 '경쟁과 상생의 조화'차원에서 순리적으로 추진해야 합니다.

특히. 저출산은 한국 사회현상에 의한 문제라는 점을 간과해서는 안 됩니다. 왜냐하면 현재 한국 사회는 경쟁의 결과만을 중시하기 때문입니다. 이러한 현상은 필연적으로 엄청난 고비용 및 저효율 현상을 야기하여 양극화(부, 소득, 일자리) 및 불평등 현상으로 이어집니다. 이에 '경쟁과 상생의 조화'차원에서, 사회현상을 개선해야 합니다.

이와 같이 저출산은 지나친 경쟁 및 상생의 위축 그리고 사회현상에 의해 야기된 문제이므로, 어떠한 경우에도 경쟁의 이점과 상생의 장점이 조화되도록 해야 합니다. 이러한 점들을 유념하여, 6개 분야의 불안을 조속히 해소해야 합니다.

이에 6개 분야의 불안을 해소하기 위해선, 고비용 및 저효율 현상이 개선이 되도록 합리적인 규제와 지원으로 경쟁을 줄이고, 양극화 및 불평등 심화 현상이 완화되도록 사회현상의 변화를 합리적으로 유도하여 상생분위기를 증진시켜야 합니다. 그래서 결국 '경쟁과 상생의 조화'를 이루어야 합니다. 이는 양방향으로 접근해야합니다. 예를 들어봅니다.

내수시장에선 저비용과 고효율 현상에 중점을 두고, 가급적 경쟁을 줄여야 합니다. 이를 제도화해야 합니다. 그래야 일자리가 많이 늘어납니다. 이는 상생을 증진시켜 양극화 및 불평등의 개선으로 이어집니다.

반면 국제시장에선 공격이 최선의 방어입니다. 그래서 수출은 물론 수입도 사활을 걸고 대응해 이겨야 합니다. 그렇지 않으면 비참하게 당합니다. 이는 자본주의 속성상 어찌할 수 없습니다. (만약 지구가 하나의 국가로 통일된다면 경쟁을 크게 줄일 수 있습니다.)

이처럼 자본주의는 모순이 많은 제도입니다. 그래서 이의 반발로 공산주의 등이 나왔습니다. 그런데 자본주의만 못해 사라졌습니다. 그 후도 여러 형태의 제도가 나타나고 사라지기를 반복하고 있습니다. 이는 이들 제도가 자본주의만 못해서입니다.

이처럼 아직까지 자본주의보다 더 좋은 제도가 없어서 많은 나라들이 자본주의를 택하고 있는 것입니다. 이에 지금도 많은 이들이 자본주의보다 더 좋은 제도를 찾고 있습니다. 예를 들면 제3의 길 등입니다.

이에 자본주의보다 더 좋은 제도를 찾을 때까지 좋든 싫든, 한국은 자본주의를 택할 수밖에 없습니다. 다행인 것은 자본주의는 운영자에 의지에 따라 다소나마 개선이 가능합니다.

예를 들면, 경쟁과 상생을 무시하고 함부로 다룰 경우엔 남미 형태로 나타나고, 경쟁과 상생을 조화시키면서 최선을 다 할 경우엔 북구 형태로 나타납니다. 이점을 유념해야 합니다.

위의 사항들 외에도 더 많은 사항을 추론할 수 있지만, 여기서는 이만 줄이고, 위의 사항들을 다른 차원에서 살펴봅니다. 위의 사항들은 하나하나가 살아남기 위해 반드시 지켜야 할 사항들입니다.

위 사항들에 의거 6개 분야의 불안이 해소되면, 그만큼 자본주의의 모순도 감소될 것이라고 저자는 생각합니다. 이에 위 사항들에 의거, 적정출산을 달성할 수 있는 방안을 살펴봅니다.

먼저, 제1절에선 1단계 출산요건인 결혼환경을 악화시키는 취업 및 주거불안을 시급히 해소할 수 있는 방안을 살펴봅니다.

다음, 제2절에선 2단계 출산요건인 육아환경을 악화시키는 보육 및 교육불안을 신속히 해소할 수 있는 방안을 살펴봅니다.

또한, 제3절에선 간접적 출산요건인 주변환경을 악화시키는 노후 및 지역불안을 조속히 해소할 수 있는 방안을 살펴봅니다.

01

결혼환경의 조성방안
(취업 및 주거불안의 해소)

● 결혼환경은 1단계 출산요건입니다

한국에선 결혼을 미루거나 기피하는 젊은이들의 증가로. 저출산이 지속되고 있습니다, 이는 취업 및 주거불안의 영향으로 1단계 출산요건인 결혼환경이 심각하기 때문입니다.

따라서 좋은 결혼환경의 조성이 매우 시급한 상황입니다. 이에 청년들의 취업불안 및 예비 신혼부부들의 주거불안을 조속히 해소할 수 있는 방안들을 살펴봅니다.

취업불안의 해소

현대사회에서 일자리는 의식주를 마련해주는 생계의 원천입니다. 그래서 일자리가 풍부해 젊은이들의 취업이 안정되면 결혼환경이 좋아지고 삶의 질과 출산율이 올라갑니다.

이에 세계 각국은 고용안정을 위해, 일자리 확충에 최선을 다하고 있습니다. 가까운 예로 미국이나 일본의 경우만 보아도, 일자리를 만드느라 국가 전체가 야단법석입니다.

그간 한국도 고용안정을 핵심 국정과제로 삼고, 일자리 창출을 위해 최선을 다해 왔습니다. 그러나 근래 기대한 만큼 일자리가 창출되지 않아, 현재 고용불안은 매우 심각한 수준입니다.

이처럼 한국은 심각한 취업불안으로 결혼환경 등이 악화되어 삶의 질과 출산율이 크게 저하되고 있습니다. 이에 취업불안의 해소가 매우 시급한 상황입니다.

즉, 취업불안을 조속히 해소할 수 있는 조치(방안)가 필요합니다. 이를 위해 먼저 취업불안의 원인 및 현재 취업불안의 해소를 위해 노력하는 실태 등을 살펴봅니다.

○ 취업불안의 원인

앞(제2장)에서 살펴본 바와 같이, 수출 및 내수분야에서 고용환경의 변화로 일자리가 늘어나지 않고, 성장 및 소비측면에서도 고용을 진작시킬 수 있는 돌파구가 보이지 않습니다.

이와 같이 한국 취업불안의 원인은 시장 등에서 일자리가 늘어나지 않는데 있습니다. 이에 심지어 현재의 한국 고용상황을 고용절벽이라고까지 표현하고 있습니다.

이처럼 고용 관련 상황이 매우 심각해지자, 취업불안의 해소와 관련하여 각계각층에서 갖가지 방안(의견 포함)들이 나오고 있습니다. 이에 대해 살펴봅니다.

○ 취업불안의 해소노력 실태

위의 방안(의견 포함)들 중 비교적 많이 거론된다고 생각되는 방안들을 선정하여 살펴봅니다. (고용과 취업을 저자의 그때그때 느낌에 따라 함께 사용하고 있음을 알려드립니다.)

정부는 최근의 상항을 가계가 지갑을 닫고, 기업의 투자가 위축되어 재정의 투입 없이는 성장이 불가능한 상황으로 보고, 해마다 일자리를 확충하겠다는 명목으로 추경을 편성해 왔습니다. 즉, 이는 재정의 확장적인 운용으로 경기 부양의 마중물로 삼겠다는 의도입니다.

이에 대해, 이를 안 하는 것보다는 낫지만, 한계가 있으므로 빨리 근본적인 해결책을 찾아야 한다는 의견이 적지 않습니다. 왜냐하면, 지금의 문제는 펌프에 있는 게 아니라 저수지의 물이 줄어드는 데 있으므로 수원 발굴이 시급하다는 것입니다.

정부는 소비를 부추기는 분위기를 조성하고 있습니다. 왜냐하면 해외 여행객 10명 중 1명만 국내 여행으로 돌려도 4조원의 내수 효과를 기대할 수 있기 때문입니다.

정부의 일각에선 쌀 산업의 구조조정을 위해 절대농지(농업진흥지역) 관리의 개선을 주장하고 있습니다. 이는 쌀값 안정에 매년 3조원 정도의 재정이 투입되기 때문입니다.

예산 관련 부처는 절대농지의 해제를 주장하지만, 농민 단체는 식량 주권을 이유로 이를 반대합니다. 이에 주무 부처는 절대농지 해제와 관련하여 고민 중입니다.

정부는 일자리를 늘리기 위해 '공공기관의 직원 증원방식'을 추진하자, 찬반이 엇갈리고 있습니다. 찬성 쪽은 소득의 증대로 소비를 진작시켜 마중물로 삼을 수 있다는 주장입니다.

반면 반대하는 쪽은 '공공기관의 직원 증원방식'은 비용만 천문학적으로 많이 들고, 파급효과가 미미하여 그리스처럼 거덜 날 수 있다는 주장입니다.

일부 지방자치단체들이 취업을 도와준다는 명분으로 현금 지급을 추진하자, 찬반이 엇갈리고 있습니다. 찬성하는 이들은 취업이 어려운 청년층엔 꼭 필요한 정책이라는 것입니다.

반면 반대하는 이들은 취업불안이 근본적으로 일자리가 부족한데 있으므로 현금지급 보다는 그 돈을 일자리 창출에 보태는 것이 더 효과적이고 합리적이라는 것입니다.

이외에도 다양한 의견들이 많습니다.

기업이 규제 때문에 일자리를 창출하지 못하여 청년들이 취업을 못하니, 일자리 창출 차원에서 규제를 과감히 풀자고 주장하는 이들이 많습니다. 이들의 의견이 존중되지 않습니다.

어떤 전문가는 정년연장(60세)이 시행됨에 따라 신규채용이 감소하여 청년 고용절벽이 우려되므로, 노사합의를 통한 주3일 근무제도 등의 검토를 주문하였습니다.

협동조합이 주식회사에 비해 일자리를 만드는데 탁월하다고 하면서, 이를 추천하는 이들이 많습니다. 그러나 이는 그리스의 전철을 밟는다고 하면서 반대하는 이들도 적지 않습니다.

어떤 이는 청년들이 취업불안에 떨고 있는데, 공무원 등은 국민의 세금으로 대기업보다 임금을 더 받고 있는데, 공무원은 왜 임금 피크제 안 하느냐고 따졌습니다.

심지어 실업자가 100만명 시대이니 '고용 비상사태'라도 선포해서 정치권, 정부, 재계 등이 함께 총력을 기우려, 일자리를 대량 창출해야 한다는 주장까지 나왔습니다.

이처럼 일자리 창출과 관련하여 각계각층에서 많은 방안들이 나오고 있습니다. 위의 방안들 하나하나가 눈물겨운 고육지책들입니다. 이는 일자리 창출을 위해 각계각층에서 많은 고민을 하고 있음을 뜻합니다.

그렇지만 위의 방안들에 대한 비판을 감안하면, 이들 방안들로선 취업불안을 조속히 해소하기엔 역부족해 보입니다. 이에 특단의 조치가 불가피하다고 여겨집니다.

O 생존차원에 의한 취업불안의 해소방안

앞에서 살펴본 바와 같이, 취업불안의 조속한 해소를 위해선 특단의 조치가 불가피하여, 생존차원에서 취업불안의 해소방안을 살펴봅니다.

많은 이들이 취업불안이 테러보다 더 위험하고, 전쟁보다 더 무섭다고 합니다. 그래서 일자리를 빨리 많이 창출해야 된다는 것입니다. 왜냐하면 취업불안의 해소엔 일자리 창출이 특효약이기 때문입니다.

이에 일할 사람은 느는데, 생계의 원천인 일자리가 부족한 상황에서, 일자리의 창출은 많은 청년들의 삶을 위해, 이 시대가 내리는 엄중한 소명이라고 저자는 생각합니다.

따라서 일자리 창출을 가로 막고 있는 규제는 과감하게 혁파하고, 일자리 창출에 필요한 제도는 과감히 도입하여, 일자리를 많이 창출하는 것이 이 시대의 정의라고 생각합니다.

또한, 일자리를 만들어 낼 수 있는 분야는 이것저것 가리지 말고 전부 살펴보아야 합니다. 그래야 '티끌 모아 태산'이라고 일자리를 많이 만들어 낼 수 있습니다.

더욱이 취업불안은 주거, 보육, 교육, 노후, 지역불안 등으로 이어져, 결혼, 출산, 육아 환경 등을 악화시켜 청년들을 가장 힘들게 합니다. 이에 이 책에선 젊은이들의 취업불안의 해소에 중점을 두고 살펴봅니다. (이 부분이 이 책의 핵심 중의 핵심입니다.)

그럼, 예로 우선 저자의 아이디어를 소개합니다.

기존 산업분야에서 규제혁파에 의한 일자리 발굴 방안, 신규 제도도입에 의한 일자리 창출 방안, 적정출산에 의한 일자리 증대방안 등을 살펴봅니다.

가. 산업분야에서 일자리 발굴 방안

여기서는 농업, 주택, 교통, 관광 분야 등을 위주로 살펴봅니다. 이는 일상생활과 밀접하고, 아직까지 사람들을 많이 필요로 하고, 잠시이나마 저자가 근무한 분야이기 때문입니다.

(1) 농업 분야

선진국 진입을 위해 농업보다 비농업분야의 첨단기술 개발에 중점을 둔 때가 있었습니다. 그러나 이제는 선진국 진입을 위해 식량 등 농업관련 분야가 매우 중요한 요인이 되었습니다.

왜냐하면 식량문제를 해결하고 농업과 비농업부분이 조화를 이루어야 선진국의 문턱을 넘을 수 있기 때문입니다. 따라서 농업관련 분야를 미래의 성장산업으로 재구축해야 합니다.

이에 많은 이들이 식량, 농식품 수출 분야 등은 향후 발전시킬 수 있는 여지가 많아, 일자리의 창출을 크게 기대할 수 있다고 강조합니다. 이에 식량, 농식품 수출 순으로 살펴봅니다.

첫 번째, 식량 분야를 살펴봅니다.

식량 문제는 우선적으로 해결하여야 합니다. 주요 선진국들(미, 불, 독, 가 등)은 식량자급률이 100% 안팎입니다. 그러나 한국은 50% 정도로서, OECD 국가 중 최하위 수준입니다.

쌀은 자급률이 100%이지만 다른 곡물은 거의 수입에 의존하고 있는 세계 상위 곡물수입국입니다. 이에 정부도 언급한 바와 같이 낮은 곡물(사료포함)자급률을 크게 높일 필요가 있습니다.

이는 일본의 경우를 참고할 필요가 있습니다. 일본은 2009년 농지법을 일반기업이 참여할 수 있도록 개정하여 대기업의 농업참여가 줄을 잇고 있습니다.

이제 한국도 일본처럼 일반기업에게 개방하여 대기업의 농업참여를 유도하는 것이 곡물자급률을 높이는 데 크게 도움이 될 것입니다. 따라서 이의 관련법을 조속히 개정해야 합니다.

이에 대해 긍정적으로 생각하는 사람들이 많습니다. 그러나 일부의 엄청난 반대 때문에 관련법을 개정하지 못하고 있는 상황입니다.

그렇지만 지금은 상황이 다릅니다. 왜냐하면 지금은 청년취업이 생존의 문제가 되었기 때문입니다. 이제는 생존차원의 입장에서 상생을 증진시켜야 합니다.

농민들도 살고, 청년들도 살 수 있는 방안을 모색하여, 관련 조항을 개정해야 합니다. (사실 개정하더라도 한국은 정부가 설득해야 기업들이 참여할 것으로 보입니다.)

가능한 농민에게 피해가 가지 않도록, 밀, 옥수수, 콩, 보리, 사료작물 등 거의 수입에 의존하고 있는 품목(단, 수입 50% 이하 품목은 100% 수출조건)위주로 참여하는 것입니다.

만약 기업들의 농업참여로 곡물자급률이 크게 올라가면, 여러 면에서 이점이 발생합니다. 우선 식량안보, 외화절약, 물가안정, 축산진흥 등에 큰 도움이 됩니다.

특히, 일자리를 크게 창출할 것으로 보입니다. 예를 들어 살펴봅니다. 현재(2016년) 한국의 시군은 157개입니다.

거의 모든 시군에 농산물 관련 회사들이 수개 사씩 들어설 것입니다. 농업 특성상 회사마다 직원이 수백 명 씩 될 것입니다. 따라서 엄청난 일자리가 생길 것으로 사료됩니다.

더욱이 농업은 블루오션으로 떠오르는 분야입니다. 그래서 근래농촌을 떠난 인구보다 유입 인구가 많습니다. 이는 양질의 일자리로서 청년들을 만족시켜 줄 것으로 보입니다.

(참고로 대기업의 행태가 문제이지, 대기업의 자체에 문제가 있는 게 아닙니다. 따라서 농업분야에서도 가능한 대기업이 많이 나올 수 있는 환경을 조성해 주어야 합니다.)

두 번째, 농산물 수출 분야를 살펴봅니다.

현재 한국의 농산물 수출은 규모도 크지 않고 여건도 좋은 편이 아닙니다. 그렇지만 농산물 수출은 앞으로 신장할 여지가 많은 분야입니다. 그래서 이 분야에 많은 지원이 필요합니다.

이에 대한 독자의 이해를 돕기 위해 농산물 수출에 관해서 쓴 언론사설의 일부를 소개합니다.

"땅 좁은 한국 농업이 땅 넓은 미국이나 중국과 경쟁할 수 있느냐는 비판론도 적지 않습니다. 그러나 남한 땅의 절반도 안 되는 네덜란드는 미국에 이어 세계 2위의 농수산 수출국입니다.

세계 농수산물 교역액은 연간 6조 달러로 반도체와 자동차를 합친 5조 달러를 넘습니다. 정부와 농업계가 힘을 합쳐 농업을 재구축한다면 세계 1등 농업도 불가능하지 않습니다."

이와 같이 농산물수출은 가능성 많은 분야입니다. 이제 한국의 높은 농업 기술력을 더 높이고, 정부와 농업계 그리고 수출업계가 협력하여 마케팅 능력까지 제고한다면, 농산물수출대국이 될 수 있습니다.

이렇게 되면, 여러 면에서 이점이 발생합니다. 우선 외화획득의 증가, 농가소득의 증대 등에 크게 도움이 됩니다.

또한, 일자리의 창출에 크게 기여할 것입니다. 특히, 앞에서 살펴본 시군의 농산물 관련 회사들이 크게 신장되어 소속 직원들이 많이 늘어날 것으로 예측됩니다.

이외의 분야에서도 많은 일자리를 발굴할 수 있습니다.

먼저, 밀 분야를 살펴봅니다. 전문가들은 식량안보 차원에서 밀 자급률을 1.2%에서 10% 이상으로 높이자고 주장합니다. 이는 쌀 소비는 줄고, 밀 소비는 증가하고 있기 때문입니다.

이미 중국은 자국의 기후에 맞는 신품종을 개발하였으니, 한국도 한국의 기후에 맞는 신품종을 빨리 개발하여야 된다는 것입니다. 이것이 한 세대 앞서가는 농업정책이라는 것입니다.

만약 신품종 개발로 밀 자급률이 크게 올라가면, 여러 면에서 이점이 발생합니다. 우선 식량안보, 외화절약, 물가안정 등에 크게 기여하고 연관 산업을 발전시킬 것으로 보입니다.

특히, 청년들을 위한 양질의 일자리을 크게 창출할 것으로 보입니다. (이 방안은 첫 번째 방안이 실현되면, 조금만 더 다듬으면 될 것 같습니다.)

다음, 종자 분야를 살펴봅니다. 한국의 농가는 종자로열티로 많은 돈을 지불하고 있습니다. 종자는 품종의 특성을 후대로 전달해 주는 씨앗입니다. 그런데 일부종자는 금값보다 비쌉니다.

문제는 이러한 품종들이 하루아침에 개발되지 않은 데 있습니다. 그래서 해당 품종들이 개발될 때까지 한국은 오랫동안 종자로열티를 지불하지 않으면 안 되는 상황입니다.

이에 종자의 국산화는 개발의 여지가 많습니다. 그래서 미래를 내다보고 장기적으로 투자를 해야 합니다. 그러면 종자 국산화 과정을 통해 외화 절약 및 일자리의 창출이 기대됩니다.

차제에 절대농지(농업진흥지역)를 살펴봅니다.

생존차원에서 이 문제의 해결을 기대합니다. 예로 먼저 저자의 의견을 소개합니다. 절대농지의 해제와 관련 보상금을 지급하되. 농지로서의 기능은 그대로 두고 해결하는 방안입니다.

보상금은 그간 농가의 수령금액(지난 3년 평균)을 기준으로 5년간 지급하되, 매년 지급액을 20%씩 차감합니다. 농지를 팔던 안 팔던, 무엇을 심던 안 심던 상관이 없으나, 농지의 용도를 벗어나면 보상금 지급을 중지합니다.

이 방안은 쌍방이 유리합니다. 농지 소유자는 다른 농작물로 전환할 수 있는 충분한 준비기간을 갖게 되고, 정부는 당분간 재정이 지출되지만 사회불안을 잠재울 수 있어 좋습니다.

다만, 농업직불금을 상위농가(10%)가 싹쓸이하므로, 농가별로 차등 지원할 수 있도록 제도를 개선해야 한다고 주장하는 이들도 많습니다. 이에 대한 검토도 필요하다고 봅니다.

이와 같이 농업분야는 일자리를 발굴할 수 있는 여지가 많은 분야입니다. 그래서 농업분야에서 규제를 더 많이 혁파하여, 더 많은 일자리가 창출되기를 기대합니다.

(2) 주택산업 분야

한국의 주택산업은 한때 한국 경제와 고용의 상당 부분을 담당한 바 있습니다. 그러나 지금은 당시보다 크게 하락했습니다. 이러한 현상은 두 가지 측면에서 기인합니다.

첫 번째 원인은 주택시장의 변화로 인한 일거리의 부족입니다. 변화요인들을 살펴보면 먼저, 주택보급률이 통계상으로는 이미 주택잉여국가입니다. 다음, 내 집 마련의 꿈을 포기한 집단도 꽤 많습니다. 또한, 저출산으로 인해 주택수요가 계속 감소하고 있습니다.

이러한 변화요인으로 인해, 신규 아파트가 예전처럼 팔리지 않아, 투자비가 많이 드는 거창한 신도시개발이나 대규모 아파트단지 건설사업 등이 힘들게 되었습니다.

두 번째 원인은 기계화 등으로 인한 건설현장의 변화로 일자리 창출 능력이 감소한 것입니다. (이는 건설업뿐만 아니라 거의 모든 산업분야에서 일어나는 현상입니다.)

그러나 아직도 한국경제는 주택산업에 대한 의존도가 높습니다. 또한 아직도 주택산업에서 일자리가 많이 창출됩니다. 그래서 일거리를 계속 찾아야 합니다. 한편으론 일자리를 더 많이 창출할 수 있는 주택 인테리어업종 등을 키워 나가야 합니다.

이러한 상황에서 현재 한국의 주거 형태를 살펴보면 아파트가 대세이지만, 입주자들은 자신들이 사는 아파트에 대해 불안해하거나 불만을 가진 사람들이 적지 않습니다.

첫째, 내진설계가 되어 있지 않아 지진에 취약합니다. 둘째,

칼부림이 날 정도로 층간소음이 심합니다. 셋째, 건물 내부의 수리 및 개조가 어려워 노후시설의 수리가 힘들고, 오래 살아 싫증이 날 경우 내부개조가 힘듭니다. 이외에도 많습니다.

그러나 재건축을 통해 위의 문제점들을 개선하면, 주택 가치를 높여 수익을 창출할 수 있습니다. 그래서 '재건축'을 선호하는 사람들이 꾸준합니다. 광의적으로 보면 재건축도 도시재생 사업의 하나입니다.

특히 재건축사업은 국가재정이 들어가지 않습니다. 반면, 재건축사업은 건설업의 성격상 아직도 재건축과정에서 일자리를 많이 창출할 수 있습니다.

이에 정부는 생존차원에서 규제를 주민들의 요구수준으로 풀어 입주자들의 불안 및 불만 사항 등이 해소될 수 있도록 하여, 이의 추진을 도와주어야 합니다.

그래서 지진에 견딜 수 있고, 층간소음이 확실히 방지되고, 노후시설의 수리 및 교체를 편리하게 할 수 있도록 해야 합니다.

이에 더하여 아파트가 100년 이상 갈 수 있도록 탱크처럼 튼튼하고, 오래 살아도 싫증이 나지 않도록 내부 개조를 쉽게 변경할 수 있도록 지어야 합니다. 이의 기대효과를 살펴봅니다.

먼저, 입주자들의 불안 및 불만 사항인 지진 취약, 층간 소음, 노후시설의 수리불편, 내부개조의 곤란 등의 문제점이 모두 해소됩니다. 이는 한국 사회를 행복하게 만드는데 크게 기여합니다.

다음, 주택건설사들의 투자가 늘어납니다. 입주자들이 새집에 가구 등을 채우기 위해 소비가 늘어납니다. 이는 연관 산업의 성장을 크게 부추길 것입니다.

특히, 재건축 과정에서 건설 분야가 다시 활성화되어 일자리를 크게 창출할 것입니다. (아직도 건설 분야의 일자리 창출 능력이 다른 분야보다 높은 편입니다.)

또한, 아파트 내부의 개조 및 수리 등을 쉽게 할 수 있도록 하였기 때문에, 주택 인테리어업종 등에서도 적지 않은 일자리를 만들어 낼 것으로 예상합니다.

이는 10~20년 후, 사업이 끝날 즈음에 아파트의 내부에 싫증이 난 사람들이 늘어나, 주택 인테리어업종 등이 크게 활성화되어 일자리를 많이 만들어 낼 것으로 보입니다.

다만, 재건축 등의 수요가 많을 경우, 중앙정부가 주관하여 10~20년에 걸쳐 분산 추진해야 합니다. 일시에 많은 물량을 추진하면 다른 문제가 야기될 수 있습니다.

이와 같이 주택산업분야는 일자리를 발굴할 수 있는 여지가 매우 많은 분야입니다. 이에 주택산업분야에서 많은 규제 혁파로 일자리가 대량으로 창출되기를 기대합니다.

(3) 교통산업 분야

사회간접자본(SOC)인 교통 및 토목 등은 최고의 복지를 의미하는 것인데, 이를 일부에선 반복지로 보는 견해가 있습니다. 이는 매우 잘못된 견해입니다. 예를 들어 살펴봅니다.

한국의 수도권 대중교통망은 세계 대도시 중 최고수준의 교통복지를 제공하고 있습니다. 우선, 편리하고 저렴합니다. 특히, 65세 이상 노인은 수도권 일대는 물론 춘천 · 천안까지도 무료입니다.

반면, 지방 중소도시의 대중교통망은 매우 열악합니다. 그리고 갈수록 더욱 열악해 지고 있습니다. 이처럼 대중교통망이 열악하여 자가용승용차가 거의 필수 교통수단화 되어가고 있습니다.

이는 지방 교통관련 회사들의 경영을 더 어렵게 하여, 관련 종사자들이 생계 때문에 지역을 계속 떠나고 있습니다. 또한, 대중교통의 불편 때문에 떠나는 사람들도 적지 않습니다.

이에 지방도시의 대중교통망도 수도권처럼 편리하게 만들어, 수도권처럼 높은 수준의 교통복지를 제공해야 합니다. 이는 미래의 교통체계와 미래의 정주체계를 결합하면 가능합니다.

먼저 지방도시에 적합한 정주체계를 정합니다. 그리고 그 위에 대형버스, 중형버스, 택시 등으로 엮여진 교통체계를 씌웁니다. 그리고 이를 발표하고 홍보합니다.

그러면 주택건설사들이 정주체계를 참고하여 짓기 때문에 아파트나 주택 등이 일정한 곳으로 집중됩니다. 이에 따라 주민들 또한 집중되기 때문에 대중교통을 투입하기가 좋습니다.

이렇게 되면, 해가 지나면서 대중교통망은 점점 체계화되고 편리해집니다. 이 과정에서 다양한 효과가 나타납니다.

우선 주택건설사들의 투자가 늘어납니다. 새집으로 이사하는 입주자들의 소비가 따릅니다. 주택건설 및 교통망 확충 과정에서 일자리가 크게 늘어납니다.

다음, 지방주민들의 교통복지는 갈수록 증진됩니다. 그러면 편리시설이 늘어납니다. 이와 함께 사람들이 늘어납니다. 이는 나아가 지역균형발전에 기여합니다.

또한, 덤으로 도시가 촘촘해져 학교 및 공공시설 등을 효율적으로 사용이 가능하여 재정이 절약됩니다.

차제에 저자가 평소 기회 있을 때마다 주장한 바 있는 '지하공간'을 교통시설로 활용하는 방안을 참고로 추천합니다. 예를 들어봅니다.

서울에서 세종시까지 지하 초고속철도를 건설하자는 의견도 있고, 1~2시간 내 어느 곳이든 갈 수 있도록 한국을 하나의 도시를 만들자는 주장도 있습니다.

이는 선투자 방식으로 개발합니다. 이때 개발관련 이익을 보장해주면, 건설을 희망하는 회사들이 많이 나올 것입니다. 이 또한 개발과정에서 많은 효과가 기대됩니다.

우선 개발사들이 많은 투자를 하게 됩니다. 또한, 개발과정에서 일자리가 크게 창출됩니다. 개발 후 많은 교통편익이 따릅니다. 관련 기술이 비약적으로 발전하여 수출로도 연결이 기대됩니다.

이와 같이 교통산업분야도 일자리를 발굴할 수 있는 여지가 많습니다. 그래서 교통산업분야에서 많은 규제 혁파로 많은 일자리가 창출되기를 기대합니다.

(4) 관광산업 분야

관광산업은 부가가치가 매우 높은 산업입니다. 그러나 한국의 관광산업은 말레이시아, 태국, 홍콩 등에 못 미칩니다. 이는 한국의 관광산업이 그만큼 성장할 여지가 많다는 것을 의미합니다.

관광정책을 추진할 때 거창한 전략보다 관광객이 원하는 실질적인 방안을 택하여야 합니다. 예를 들면 설악산에 케이블카만 설치하여도 관광이 활성화되어 다양한 효과가 나타납니다.

먼저, 국내외 관광객의 유치에 많은 도움이 됩니다. 다음, 지역경제 활성화에 크게 기여합니다. 또한, 일자리의 창출에 크게 기여할 것으로 보입니다.

저자가 앞에서 장황하게 설명해 드린 것은 청년 일자리 창출에 도움이 되는 것이라면, 생존 차원에서 규제를 과감하게 풀기 위해서입니다.

산이 약 70%인 국가에서 10년이 걸려도 케이블카 하나 설치하기가 힘듭니다. 이와 같이 규제로 고용을 다 틀어막으니 청년들이 취직할 곳이 부족한 것입니다.

그렇다고 난개발하자는 것이 아닙니다. 환경 또한 매우 중요한 관광자본이기 때문입니다. 그래서 환경보존상 꼭 필요한 것은 규제를 계속하자는 것입니다.

다만, 청년 일자리 창출을 위해 관광선진국에서 허용하는 수준까지는 허용해야 된다는 것입니다. 왜냐하면 관광도 국제경쟁력이 매우 중요한 분야이기 때문입니다. 예를 들어봅니다.

스위스의 경우, 산악열차가 해발 3454m까지 올라갑니다. 그런데 설악산 케이블카는 강원도 및 양양군이 10년간 신청하였으나, 매년 갖가지 이유로 좌절되었습니다. 이제 재판을 통해 기사회생하는 것 같습니다만, 아직도 첩첩 산중입니다.

더욱이 고령화 시대를 맞아 케이블카의 이용객이 늘어날 것으로 보입니다. 따라서 설악산뿐만 아니라 꼭 필요한 곳엔 케이블카가 설치될 수 있도록 해야 합니다. (일자리 창출을 위해 '고용 비상사태'를 선포하자는 주장까지 나왔음을 유념해야합니다.)

케이블카의 설치를 구상 또는 추진 중인 곳은 전국적으로 수십 곳 정도로 보입니다. 케이블카가 설치되면 관광산업진흥의 기폭제가 될 것입니다. 이는 일자리창출에 아주 크게 기여할 것입니다.

생존차원의 입장에서 관광도 살고 환경도 보존되는 긍정적 방향으로 심사해서 케이블카가 설치되어, 관광활성화로 일자리가 많이 창출되기를 기대합니다.

지금까지 농업, 주택, 교통 관광 분야에서 규제를 풀어, 고용을 증진시킬 수 있는 방안을 살펴보았습니다. 이를 여러 분야로 확대하여 규제를 풀면, 엄청난 일자리가 창출될 것입니다.

따라서 규제 혁파로 일자리를 많이 창출할 방안을 마련하는 이들(창안자 및 공직자)에겐 큰 포상(상금 및 승진)을 한다면,

효과가 배증할 것입니다.

그럼, 저자의 제안보다 몇 배 더 훌륭한 규제혁파 방안이 많이 나와, 아주 많은 일자리가 창출되기를 기대합니다.

나. 제도도입 관련 일자리 증대 방안

여기서는 군인모병제, 자유노동계약대행공단, 공공기관 임금기준 등을 제도신설과 관련하여 살펴봅니다. 이유는 일자리를 많이 늘리고, 사회적 약자의 권익을 보호하기 위함입니다.

(1) 군인 모병제의 도입 방안

한국은 반세기 넘게 남북이 대치된 상황에서도 엄청난 경제발전을 해왔습니다. 이에는 많은 원인이 있겠지만, 그 중 하나는 강한 군대가 뒷받침하고 있기 때문입니다.

이러한 군대도 요즈음 국방환경의 변화로 많은 어려움에 직면하여 고민 중인 것 같습니다. 그러나 국방문제를 지면에서 거론하는 것은 국방의 특성상 바람직하지 않다고 여겨집니다.

그래서 여기서는 일자리 창출과 관련하여 병역자원에 대해서만 이미 언론에 보도된 수준 정도에서 살펴봅니다.

북한의 위협은 갈수록 커져 가는 반면, 병역자원의 충원은 갈수록 어려워지고 있습니다. 왜냐하면 한국은 징병제를 실시하고 있는데, 저출산으로 징집대상이 계속 줄어들기 때문입니다.

병역자원의 부족을 보완하기 위한 대안으로서 병사들의 군복무기간을 연장하는 방안이 우선 검토될 수 있습니다. 그러나 한국과 같은 상황에선 대안이 될 수 없습니다.

왜냐하면 대통령선거 때마다 각 당에서 선거공약에 병역복무기간의 단축을 집어넣기 때문입니다. 그래서 어느 당에서 대통령이 되든 병역복무기간은 단축되어 왔습니다.

이제는 장병수가 줄어들더라도 군대의 전투력을 현재이상으로 유지할 수 있는 방안을 찾아야 합니다. 이를 위해서 무기체계를 현대화하고 군(사람)을 고도로 정예화 하는 것입니다.

무기체계의 현대화는 이미 성안된 계획(무기종류 및 재정)대로 추진하면 가능할 것으로 보입니다.

그런데 군의 정예화는 반쪽 밖에 안 될 것 같습니다. 왜냐하면 군의 간부는 고도로 정예화할 수 있으나, 사병의 경우는 복무기간이 짧아 고도의 정예화가 불가능하기 때문입니다.

이에 대한 대안으로서 지난 대선 때 모당의 후보경선 과정에서 크게 거론되었던 '군인 모병제'를 잘 다듬어 수정하면 좋은 방안이 될 수 있을 것 같습니다.

당초 안을 아래와 같이 수정해봅니다.

먼저, 모병규모는 사병의 1/3정도(지휘 조급)를 모병합니다. 근무기간은 3년 이상으로 합니다. 다만, 임금은 당초 안처럼 연봉 24백만원(9급 수준)으로 합니다.

다음, 단계별로 채워나가는 것입니다. 예를 들면, 지휘 조급의 수가 4만 명이라면, 매년 8천명씩 5년간 채워나갑니다. 이에 예산은 매년 2천억원씩 증가하여 1조원으로 늘어납니다.

매년 2천억원씩 증액되는 재정과 장병수의 감축으로 감액되는 재정을 상쇄하면 추가되는 재정은 당초 안(약 3.9조원)보다 상당히 줄어들 것으로 보입니다.

당초 안을 수정한 것은 "북한의 위협이 갈수록 커지는 상황에서 모병제 도입은 시기상조이며, 가난한 청년만 군대에 가게 되는 모병제는 정의롭지 않다."는 오해를 없애기 위해서입니다.

수정안은 징집대상자는 전부 징집하되, 저출산으로 인해 부족한 인원 수 만 모병(장기복무)하는 방안입니다.

그럼, 이에 대한 기대효과를 살펴봅니다. 우선, 저출산 상황에서도 사병의 정예화로 강한 전투력의 유지가 계속 가능합니다. 다음, 양질의 일자리를 매년 8천개씩 창출이 가능합니다.

이는 '티끌 모아 태산'이라는 차원에서 살펴본 것입니다. 저자의 제안보다 군인 모병제를 더 잘 다듬은 안이 나와, 더 많은 일자리가 창출되기를 기대합니다.

(2) 자유노동계약대행공단(가칭)의 설립 방안

이 방안은 생존차원에서 '비정규직 노동자 및 미취업자'의 권익 보호와 기업의 경영위험 부담을 덜어주기 위한 국가차원의 특단의 비상조치인 것입니다. 이를 살펴봅니다.

한국에선 비정규직은 정규직보다 임금이 적고, 신분보장이 안 되어 불안합니다. 그런데 수가 너무 많습니다. 그래서 비정규직 문제는 선거 때마다 쟁점이 되고 있습니다.

그런데 현대는 무엇이든지 빨리 변합니다. 산업도 예외가 아닙니다. 지금 아이가 어른이 되면 상당수가 지금은 존재 않는 직업을 갖게 될 것이라고 전문가들은 주장합니다.

이에 어느 기업이던 새로 추진하는 사업들이 장기간 수익을 낼 수 있을 것이라는 확신이 설 때까지, 장기간 신분을 보장할 수 있는 정규직 채용을 조심하게 됩니다.

그렇지 않으면, 잘 추진되고 있는 기존의 사업들에까지 영향을 주어 기업자체가 사라질 수도 있기 때문입니다.

만약 정부에서 간섭을 한다면, 기업들은 이익을 추구하고 위험을 싫어하기 때문에, 기업들은 새로 추진 중인 사업들을 과감히 접을 것입니다.

그래서 비정규직 일자리만 줄어들어, 실업자만 늘어날 것입니다. 정부가 간섭을 하면 할수록 비정규직 일자리는 더욱 감소하고, 실업자는 더욱 증가할 것입니다.

정부가 오기로 더 세게 간섭을 한다면, 기업들은 기업의 규모를 줄이거나 기업 자체를 포기할 것입니다. 그렇게 되면 정규직 일자리마저 줄어들게 됩니다. 즉, 공멸하게 됩니다.

이에 비정규직의 증가 추세 현상을 사실대로 인정하고, 비정규직의 권익을 증진시킬 수 있는 방안을 강구하는 것이 현실적인 측면에서 개인, 기업, 국가 등 모두에게 이익이 됩니다.

그럼, 모두에게 이익이 되는 방안을 살펴봅니다. (비정규직이

해고되면 미취업자와 같은 처지가 됨으로, 미취업자를 포함하여 함께 다룹니다.)

　정부는 '비정규직 노동자 및 미취업자'(이하 '자유노동자'라 표기)의 계약 등을 도와주고, 권익증진에 기여할 수 있는 기구로서의 자유노동계약대행공단(가칭)을 설립합니다.

　위 공단의 주요 설립목적은 자유노동자의 계약을 도와주고, 이들의 취업을 알선하고, 이들의 국민연금 및 의료보험 등을 챙겨주고, 기타 이들의 권익증진을 하는 데 있습니다.

　자유노동계약대행공단은 가입한 자유노동자의 계약지원, 취업알선, 국민연금, 의료보험, 취업대기비용 및 기타 권익증진을 위해 노력하고, 임금에 관한 규정을 만듭니다.

　자유노동자의 계약을 합리적인 지원을 위해 임금규정을 만듭니다. 임금 책정은 원칙적으로 채용회사의 정규직의 임금수준으로 하되, 채용기간이 짧을수록 임금을 높게 책정합니다.

　공단은 가입한 자유노동자의 취업알선을 위해 홍보하고 노력해야 합니다. 공단은 채용회사로부터 보험료 등을 받아 국민연금 및 의료보험 등을 잘 챙겨야 합니다.

　공단은 자유노동자의 취업대기 시, 별도소득이 없는 경우에 규정에 정한 최소비용을 지급합니다. 취업대기비용은 협의에 의해 조정이 가능합니다. 취업대기비용은 채용되면 분할 환수합니다.

　취업대기 시에 국민연금 및 의료보험 등의 보험료는 취업대기비용을 기준으로 들어줍니다.

공단은 자유노동자가 가입을 신청하면 특별한 흠이 없는 한 모두 받아 주어야 합니다. 다만, 자격증이나 기술이 없는 미취업자의 경우에 직업교육 등을 권유할 수 있습니다.

공단에 가입한 자유노동자의 신분은 공단가입직원(특별임시직원)입니다. 다만, 1년간 채용실적이 없거나 3년간의 수입이 취업대기비용보다 적을 시 가입을 취소할 수 있습니다.

미납한 취업대기비용은 추후 소득이 생길 때 분할 환수합니다. 공단설립목적이 자유노동자의 권익증진에 있음을 고려하여 어떠한 경우에도 자유노동자의 권익에 반해서는 안 됩니다.

자유노동자는 누구든지 자유노동계약대행공단(가칭)에 가입할 수 있습니다. 가입한 자유노동자의 권익증진과 관련 협의를 요청할 수 있습니다. 다만, 공단규정은 준수해야 됩니다.

기업들은 자유노동자를 채용할 시에는 어떠한 경우에도 자유노동계약대행공단에 채용기간 및 임금액수 등이 포함된 신고서를 반드시 제출해야 합니다.

이 때, 신고서를 접수한 공단은 공단 가입자의 경우는 계약을 대행하여 줍니다. 미가입자의 경우는 신고서를 검토하여 불이익 사항이 있는 경우는 신고서를 수정하여 계약을 맺도록 합니다.

공단은 자유노동자를 채용한 기업으로부터 별도의 수수료(자유노동자에게 지급하는 임금의 월 0.2% 수준)를 받아 공단 운영 등에 사용합니다.

다만, 일정규모 이하의 중소기업이나 자영업 등은 제외합니다. (이 기준은 국가가 정합니다. 임금기준도 최저임금을 적용합니다. 공단에 가입한 자유노동자의 경우도 이와 같습니다.)

이와 같이 자유노동자의 근로계약을 사실상 국가(공단)가 대행하여 정규직과 비정규직 간의 임금차별을 원천 봉쇄하는 반면, 기업들은 자유노동자의 합법적인 고용이 가능해집니다.

그럼, 이에 대한 기대효과를 살펴봅니다.

우선, 자유노동자의 권익을 크게 증진할 것입니다. 정규직과 비정규직 간의 임금격차 해소 및 국가가 사실상 자유노동자의 권익을 지켜주기 때문입니다.

다음, 일자리가 크게 늘어날 것입니다. 자유노동자의 사용과 관련한 경영상 위험부담이 제거되어 기업들은 기업을 계속 확장할 수 있기 때문입니다.

또한, 출산율의 증가에 크게 기여할 것입니다. 출산율의 감소에 가장 큰 요인으로 작용하여온 자유노동자의 권익을 크게 증진하기 때문입니다.

자유노동자(비정규직, 미취업자) 관련 문제는 한국사회의 갈등을 매우 크게 증폭시키는 최대 현안 사항입니다. 저자의 제안보다 더 슬기로운 방안이 나오기를 기대합니다.

(3) 공공기관 임금기준의 설정 방안

저는 매우 합리적인 생각을 가진 사람입니다. 혹시 아래 전개되는 내용을 보고, 저를 상생만 주장하고 경쟁을 무시하는 사람으로 오해하시지 않으셨으면 합니다.

저는 상생의 장점만 알고, 경쟁의 이점을 모르는 사람이 아닙니다. 제가 상생을 계속해서 강조하는 것은 모두의 양보 없이는 상생이 잘 이루어지지 않기 때문입니다.

더욱이 경쟁은 없어지지도 않고, 없앨 수도 없다는 사실을 모르는 사람이 아닙니다. 제가 경쟁의 자제를 당부하는 것은 상생을 도외시한 지나친 경쟁은 공멸뿐이기 때문입니다.

이에 '경쟁과 상생의 조화'가 매우 중요합니다. 그래서 가능한 상생을 증진시켜 경쟁과의 조화를 도모해야 합니다. 그런데 일부 공기업들은 상생을 전혀 무시하는 듯합니다.

예를 들어 살펴봅니다. 어떤 금융공기업은 사실상 혈세와 같은 공금으로 임원들의 학비를 지불했다고, 어떤 공단은 국민을 상대로 돈을 과다 징수하고선 성과급을 크게 챙겼다고, 어떤 공사는 누진제로 힘겨운데 임원들은 비싼 리스 차량을 이용하고 있다고, 또 다른 공사는 1조원 넘는 적자에도 4천억원 성과급 잔치를 벌였다고 언론은 크게 보도하고 있습니다.

이와 같이 비리로 얼룩진 공사, 공단 등 공기업들은 경쟁기업이 없음에도 불구하고, 직원들의 임금이 턱없이 높습니다. 그래서 공기업을 신의 직장이라고 합니다.

이러다 보니 신의 직장들은 업무난이도보다 직장의 힘이 우선되는 같습니다. 왜냐하면 업무난이도가 비슷함에도 불구하고, 힘이 더 센 곳이 임금을 더 많이 받기 때문입니다.

이는 경쟁 및 상생측면에서 볼 때는 매우 어긋나는 일입니다.

왜냐하면 경쟁도 하지 않고, 상생도 하지 않기 때문입니다. 그래서 많은 사람들이 이의 시정을 촉구하고 있고 많은 언론들이 이에 가세하고 있습니다.

그러나 불합리한 일들이 계속 일어나고 있습니다. 이에 감히 이를 다소나마 줄일 수 있는 방안을 제시합니다. 이 보다 좋은 방안이 속출되기를 기대하면서, 저의 의견을 말씀드립니다.

첫 번째로 우선 국민들이 보기에 수긍할 수 있는 공무원의 보수책정기준부터 합리적으로 설정해야 합니다.

공무원은 예전이나 지금이나 안정된 직장임에는 틀림이 없습니다. 그렇지만 외환위기 이전까지는 일반기업보다 보수가 너무 낮았기 때문에 인기가 많지 않았습니다.

그러나 외환위기 이후 직업의 안정성이 크게 부각되고 일반기업에 비해 상대적으로 보수수준이 좋아지면서 공무원의 인기가 계속 오르고 있습니다.

그렇지만 공무원을 쳐다 보는 눈길은 곱지 않았습니다. 이는 전통적인 관에 대한 부정적인 시각, 규제와 관련한 일부 공무원의 부조리 등 많은 원인이 있을 수 있습니다.

그 중에서도 보수 책정과 관련하여 합리적인 기준이 없는 것이 가장 큰 원인입니다. 공무원의 보수를 대기업과 비교하여 올려 왔습니다. 이를 많은 국민들이 모순이라고 여기는 것입니다.

공무원은 전체 국민의 공복이기 때문입니다. 이에 많은 국민들은 공무원의 보수 책정 기준이 국민 평균소득을 기준으로 해야 된다는 것입니다.

일부에선 공무원의 부조리 근절을 위해 높은 보수가 필요하다고 주장합니다. 이에 대해 국민들은 납득을 하지 않습니다. 왜냐하면 보수가 좋아지는데도 부조리는 계속되기 때문입니다.

많은 국민들이 무조건 공무원의 처우를 반대하는 것이 아닙니다. 공무원의 봉급은 국민들의 혈세로 지급되는 것이니 공무원은 국민과 함께 가야 된다는 것입니다.

따라서 공무원의 보수는 국민 평균소득을 기준으로 책정해야 한다고 주장하는 국민들이 매우 많습니다. 이에 저자도 공무원의 보수 책정과 관련하여 몇 가지 의견을 첨가 합니다.

먼저, 공무원(1~9급) 전체의 보수의 평균을 국민 평균소득과 같게 합니다. 그래서 국민 평균소득이 올라가면 공무원의 보수를 올려주고, 내려가면 내려주는 것입니다.

다음, 업무난이도 및 근무지 또는 기타 사유로 임금의 조정이 필요한 경우에는 수당으로 보완합니다. 이 경우에 수당은 본봉의 30% 이내로 합니다.

또한, 호봉 승급은 20년까지로 합니다. (고령화의 진전으로 임금 피크제가 절대로 필요함) 최상과 최하 직급 간의 차이는 3배(최하가 1이면 최상은 3을 의미함)까지로 합니다.

(위 사항은 저자의 개인 생각임을 거듭 밝힙니다. 따라서 이보다 더 좋은 방안이 속출하기를 기대합니다.)

두 번째로 국민의 세금이 투입되는 공기업의 직원임금규정을 공무원의 보수규정을 준용하도록 하되, 업무 난이도 등에 따라 임금수준을 다소 조정할 수 있게 하는 것입니다.

예를 들면, 공무원보다 업무 난이도 높은 공기업은 임금을 올리고, 업무 난이도 낮은 경우는 임금을 내립니다. 조정의 범위는 공무원 보수의 30% 이내로 합니다.

기관장의 임금도 임명권자의 보수보다 많아서는 안 됩니다. 임명권자의 보수가 1억(원)정도인데, 임명장을 받은 자의 임금이 몇 억씩 하는 것은 말이 안 된다고 봅니다.

차제에 공사, 공단 등 뿐만 아니라 국민의 세금이 들어가거나 영향이 미치는 정부출연연구소 및 단체(농, 수, 축협 등)까지 포함하여 개혁하는 것입니다.

(위 사항도 저자의 개인 생각임을 밝힙니다. 따라서 이보다 더 좋은 방안이 많이 나오기를 기대합니다.)

이와 같이 공무원의 보수 및 공기업의 직원임금 등을 책정할 수 있는 합리적인 기준을 마련하여 공무원 및 공기업직원의 임금을 지급하면 많은 효과를 기대할 수 있습니다.

우선, 사회적인 비난 요인이 제거되어 상생이 증진되는 분위기가 조성됩니다. 이는 양극화 및 불평등의 완화에 적지 않게 기여할 것입니다.

다음, 이는 사회를 저비용 및 고효율 구조로 만드는데 기여할 것입니다. 나아가 이는 사회를 안정시키는 데 크게 기여할 것입니다.

또한, 국가 재정이 크게 절약될 것입니다. 이로 인해 절약된 돈을 일자리 창출에 투입하면, 일자리가 많이 늘어날 것입니다.

(위 사항은 저자의 개인 생각임을 거듭 밝힙니다. 따라서 이보다 더 좋은 방안이 나오기를 기대합니다.)

차제에 체육분야의 성공사례를 소개합니다.

현재 한국은 수출 시장에선 수출기업이 고전 중이고, 내수 시장에선 중기 및 자영업 등이 고전 중입니다. 이는 경쟁의 이점과 상생의 장점을 살리지 못한 데서 기인합니다.

이에 경쟁과 상생의 조화로 경쟁의 이점과 상생의 장점을 모두 살려야합니다. 저자는 이에 도움이 될 수 있는 방안으로 체육분야의 성공사례를 추천합니다.

체육분야는 국외는 엘리트 체육, 국내는 생활체육으로 구분하여 운영하여 왔습니다. 먼저, 국외는 경쟁력 제고를 위해 운동에 소질이 있는 인재를 발굴해 집중 지원하고 육성해 왔습니다.

이에 과거 한국은 국제 경기에서 입상조차 어려웠지만, 1984년 미국 LA올림픽을 시작으로 전세계에서 10위권 안에 드는 스포츠 강국이 되었습니다.

반면, 국내는 전체 국민건강 복지 향상을 위해 운동이나 산책할 만한 장소에는 어디든지 간편한 운동기구를 설치하여 체육의 혜택이 다수 국민에게 돌아가도록 하였습니다.

그 결과 체육은 국민건강의 증진은 물론 사회 대중문화의 여가로 정착해 건강복지국가 건설에 크게 기여하였습니다. 또한 체육은 성장기의 아이들의 폭력을 줄이는데도 약이 됩니다.

체육관계자들은 아직도 갈 길이 멀다고 하지만, 저자가 볼 때는 엘리트 체육의 강화로 국가의 위상을 드높였을 뿐만 아니라 생활체육의 활성화로 체육이 국민 일상생활 곳곳에 파고들었습니다.

다시 말해 체육분야는 국위선양과 국민건강증진 등 두 마리 토끼를 모두 잡았다고 생각합니다. 이와 같은 체육분야의 성공사례는 수출 및 내수 분야에 시사하는 바가 매우 크다고 생각합니다.

위의 체육분야의 성공사례를 참고하여 말씀드립니다.

수출 분야에서는 기업들의 국제경쟁력의 제고를 위해 법에 저촉이 되지 않는 범위 내에서 최대한 지원해야 합니다. 왜냐하면 수출전쟁은 무한 경쟁이고 무조건 이겨야만 하기 때문입니다. 특히, 4차 산업혁명은 이를 더욱 부채질할 것입니다.

반면, 내수 분야에서는 '경쟁' 못지않게 '상생'을 중시해야 합니다. 왜냐하면 '경쟁과 상생의 조화'로 내수시장이 활성화되면, 이로 인해 더 많은 일자리가 창출될 수 있기 때문입니다.

이를 정리하면 수출 분야는 탐욕스러운 이기심을 바탕으로 경쟁하는 곳이므로 승리한 자만이 정의(국익)를 쟁취할 수 있기 때문에 무조건 최대한 지원해야 합니다.

반면 내수 분야는 순수한 이기심을 바탕으로 경쟁해야 일자리가 늘어나고 국민의 이익이 증진됩니다. 따라서 상생이 증진되는 방향으로 제도를 개선하고 운영해야 합니다.

다. 적정출산에 의한 일자리 증대방안

이해를 돕기 위해 목동나라의 사례를 한 번 더 이어 갑니다.

적정출산은 국가의 입장과 가정의 입장이 다를 수 있습니다. 그러나 국가의 입장에서는 적정인구를 지속적으로 유지할 수 있는 합계출산율을 의미합니다.

그런데 목동나라는 출산율이 지속적으로 감소하자 출산 관련 장애요인 6개 분야의 불안을 적극 해소키로 하고, 우선 적정출산을 합계출산율 2.1명으로 정했습니다.

이는 목동나라의 경우 적정인구를 산출한 경험도 없고, 적정출산을 산출할 능력도 없기 때문이었습니다. 그래서 적정출산을 현재의 인구유지에 필요한 대체출산율로 정한 것입니다.

합계출산율을 2.1명으로 끌어올리기 위해선 출생아수를 지금 보다 20만명을 더 낳아야 합니다. 이를 일거에 할 수 없으므로 10년에 걸쳐 추진키로 하는 계획을 세웠습니다.

목동나라는 이 계획의 추진으로 늘어날 일자리를 예측하기 위해 보육종사자 배치 기준에 의한 보육교사 대 아동 비율을 살펴보았습니다.

이 기준에 의하면 아동이 만0세인 경우엔 아동 3명당, 만1세인 경우엔 아동 5명당, 만2세인 경우엔 아동 7명당, 만3세인 경우엔 15명당, 만3세 이상인 경우엔 아동 20명당 교사 1명씩 배치하게 되어 있습니다.

따라서 6개 분야의 불안 해소로 출생아수가 매년 2만명씩 증가한다면, 보육과 관련한 일자리만 해도 10년간 해마다 1만개 정도 늘어날 것입니다.

이외에도 연관 산업분야의 일자리 창출에 크게 기여할 것으로 보입니다. 예를 들면, 신생아수의 증가로 유아용품 등의 수요도 크게 일어날 것으로 예상됩니다.

그리고 신생아가 점점 자라면서 여러 분야의 수요를 크게 증대시킬 것입니다. 그러면 이로 인해 늘어나는 일자리수도 상당하리라고 봅니다. 한국의 경우도 목동나라와 유사할 것입니다.

지금까지 취업불안에 대해 살펴보았습니다.

현대에서 일자리는 생계의 원천입니다. 그런데 한국은 일자리가 크게 부족하여 엄청난 취업불안을 야기하여 결혼환경이 악화되고 삶의 질과 출산율을 저하되는 심각한 상황입니다.

이에 저자는 일자리의 창출과 관련하여 생존차원에서 감히 몇 가지 대안을 살펴보았습니다. 이제 저자의 방안보다 더 좋은 대안이 많이 나와 취업의 안정으로 젊은이들이 행복한 삶을 영위하기를 진심으로 기원합니다.

주거불안 해소

주거는 인간다운 삶을 영위하기 위한 필수적인 삶의 보금자리입니다. 그래서 주거여건이 좋아 젊은 부부들의 주거가 안정되면 일반적으로 삶의 질과 출산율이 올라갑니다.

이에 세계 각국은 주거안정을 위해 최선의 노력을 다하고 있습니다. 특히 선진국은 주거안정에 더욱 적극적입니다.

그간 한국도 주거안정을 국정의 주요과제로 삼고, 주거불안의 해소에 막대한 재정을 투입해 왔습니다. 그 결과 주택 수는 크게 증가하였지만, 공급구조가 왜곡되어 주거불안이 여전히 심각한 수준입니다.

이처럼 한국은 심각한 주거불안으로 결혼환경 등이 악화되어 삶의 질과 출산율이 크게 저하되고 있습니다. 이에 주거불안의 해소가 매우 시급한 상황입니다.

즉, 주거불안을 조속히 해소할 수 있는 조치(방안)가 필요합니다. 이를 위해 먼저 주거불안의 원인 및 현재 주거불안의 해소를 위해 노력하는 실태 등을 살펴봅니다.

O 주거불안의 원인

먼저, 가격 측면에서 봅니다. 집값이 비쌀 뿐만 아니라 월급증가율보다 집값 상승률이 더 높아 신혼집을 구하기가 쉽지 않아, 결혼환경의 저하로 결혼을 미루는 젊은이들이 적지 않습니다.

다음, 거주측면에서 봅니다. 결혼을 한 부부들도 집이 좁아, 육아환경의 저하로 아이를 하나만 낳거나, 아이 갖기를 미루는 경우가 많습니다.

이처럼 한국 주거불안의 원인은 가격 측면에서 집값이 너무 비싸 결혼환경을 저하시키고, 거주 측면에서 살림집이 좁아 육아환경을 저하시키는데 있다 하겠습니다.

　이러한 경우 당사자들이 겪는 불안이나 스트레스는 엄청난 것입니다. 이처럼 한국은 높은 집값과 적은 소득으로 인해 주거문제로 불안해하는 사람들이 적지 않습니다.

　그렇지만, 공급측면에선 제대로 된 돌파구를 찾을 수 없는 상황입니다. 왜냐하면 주택 잉여국가이기 때문입니다. 이는 참으로 비정상적인 현상입니다.

　이와 같이 주거 관련 상황이 매우 심각해지자, 주거불안의 해소와 관련하여 갖가지 방안(의견 포함)들이 나오고 있습니다. 이에 대해 살펴봅니다.

　〇 주거불안의 해소노력 실태

　위의 방안들 중 비교적 많이 거론된다고 본 방안들을 선정하여 살펴봅니다. 예를 들면, 보금자리주택, 행복주택, 뉴 스테이, 공유주택, 정부정책, 선거공약, 주택 바우처, 대형임대주택전문회사, 후분양제 등입니다.

　'보금자리주택'은 서민 주거 안정을 위해 추진한 사업입니다. 일명 '반값 아파트'라고 불릴 정도로 인기가 있었지만, 지금은 '행복주택'에 밀려 애물단지로 전락했습니다.

　'행복주택'은 대학생과 취업준비생, 신혼부부 등이 월세에서 전세, 전세에서 자가로 가는데 도움을 주자는 취지로 추진하는 사업입니다. 그런데 부지 확보에 어려움을 겪고 있습니다.

　'뉴 스테이'는 기업형 임대주택의 별칭입니다. 이는 건설업계가

정부 지원을 받아 공급하는 '중산층 전용 월세 아파트'입니다.

이 제도에 대해 관리비가 너무 비싸다는 비판이 큽니다.

'공유주택'은 응접실과 부엌 등 일부 주거공간을 공유하는 형태의 주택입니다. 이 주택의 이용자는 치솟는 주거비에 어려움을 겪는 청년들입니다.

'주택 바우처'가 임대주태 제공보다 효과적이라는 의견을 제시하는 이도 있습니다. 왜냐하면 임대주택의 공급방식은 입주자만 혜택을 받고, 입주를 하지 못한 주거 빈곤층은 사각지대에 놓이게 되기 때문이라고 하였습니다.

정부는 주택시장의 패러다임이 '소유에서 거주로' 전환됨에 따라 정책의 패러다임을 '주택에서 주거로' 바꿨습니다. 이에 건설사들도 임대시장으로 눈을 돌리고 있습니다.

20대 총선 정당별 주거안정 공약을 살펴보면 빈집 리모델링에 의한 임대주택 제공, 국민연금 활용에 의한 임대주택 확대 등 값싼 임대주택 공급 위주의 공약이었습니다.

한 의견은 "대기업이 월세 장사하도록 놔두느냐"는 고정관념에서 벗어나 일본처럼 대형임대주택 전문회사를 육성하는 방안도 검토해봐야 한다고 하였습니다. 왜냐하면 주택건설은 돈이 많이 들어 중소업체나 개인이 하기에는 너무 부담스럽기 때문입니다.

주택공급과잉 우려로 '선시공·후분양제'가 일부에서 논의가 되고 있습니다. 국책연구기관들도 논쟁 중입니다. 그렇지만 건설업계의 반발이 심해 실현 가능성은 미지수입니다.

이처럼 주거불안의 해소와 관련하여 많은 방안들이 나오고 있습니다. 이는 젊은이들의 주거안정을 위해 많은 이들이 고민을 하고 있음을 뜻합니다.

위의 방안들은 각기 장점이 있어, 모두 검토해볼 만합니다. 그러나 이에 대한 의견들을 종합해보면 젊은이들의 주거불안을 조속히 해소하기엔 역부족해 보입니다. 따라서 생존차원에서의 특단의 조치가 필요합니다.

O 생존차원에 의한 주거불안의 해소방안

앞에서 살펴본 바와 같이 주거불안의 조속한 해소를 위해선 특단의 조치가 불가피하여 생존차원에서 주거불안의 해소방안을 살펴봅니다.

이에, 예로 우선 저자의 아이디어를 소개합니다.

저자의 의견은 생존 차원의 입장에서 모든 신혼부부에게 원하는 시기에 신혼 공공임대주택을 일정 기간 제공하는 방안입니다.

먼저, 주택관리기관(정부가 지정)은 전국적으로 많은 주택을 보유(주로 구입, 필요시 전세)합니다. 다만, 부득이한 경우에만 신축합니다. 왜냐하면 주택 잉여국가이기 때문입니다.

다음, 신혼부부가 신청(3개월 전)하면, 주택공급기관은 보유한 주택 중 신혼부부가 선택한 주택을 5년간 임대(시중금리 수준)로 제공합니다.

또한, 자녀의 수 또는 출산의 회수에 따라 2회(10년간)까지 연장하여 줍니다. 살던 주택을 변경할 수도 있습니다. 재정 충당 방안은 뒤(제6장)에서 제시합니다.

이로 인한 효과를 살펴봅니다.

첫째, 젊은이들의 주택불안을 해소하여 결혼 및 출산율의 증가로 이어집니다. 신혼부부가 원하면 누구에게나 주택을 제공하므로 이는 확률이 아니라 확신의 정책이기 때문입니다.

둘째, 파생되는 효과가 매우 큽니다. 주택공급기관이 주택을 확보하는 과정에서 돈이 시중에 많이 풀리게 되어 경기를 진작시키는데 도움이 됩니다.

셋째, 신혼부부들의 주거불안 해소 및 주거비 감소로 인해 심리적 안정 및 실질소득이 증가하게 되어 소비증가를 기대할 수 있습니다. 이는 경기를 진작케 합니다.

다만, 신혼 공공임대주택을 신청하지 않은 신혼부부에겐 평균 임대료의 10% 수준을 현금으로 지급합니다. 해당자에겐 모두 지급합니다. (이는 아이를 낳은 후 지급합니다.) 그래야 돈이 있는 사람이 신청하지 않습니다.

지금까지 주거불안에 대해 살펴보았습니다.

주거는 삶의 보금자리입니다. 그래서 인간다운 삶을 위해선 주거안정이 필수적입니다. 그런데 한국은 주거공급체계가 왜곡되어 주거불안으로 결혼환경이 악화되고 삶의 질과 출산율은 저하되는 심각한 상황입니다.

이에 감히 저자는 생존차원에서 '신혼 공공임대주택' 제공 방안을 말씀을 드렸습니다. 이제 저자의 대안보다 더 좋은 대안이 많이 나와, 주거안정으로 젊은이들이 인간다운 삶을 영위하기를 진심으로 기원합니다.

02
육아환경의 향상방안
(보육 및 교육불안의 해소)

● 육아환경은 2단계 출산요건입니다

한국에선 아이를 하나만 낳거나 아이 낳기를 미루는 젊은이들이 늘어나고 있습니다. 이는 보육 및 교육불안 등의 영향으로 2단계 출산요건인 육아환경이 심각하기 때문입니다.

이에 좋은 육아환경의 마련이 매우 시급한 상황입니다. 이에 모든 엄마들의 보육불안 및 학생과 학부모들의 교육불안을 해소할 수 있는 방안들을 살펴봅니다.

보육불안 해소

보육은 사실상 인생의 출발선이며, 교육의 출발선입니다. 그래서 보육여건이 향상되어 아이의 보육이 안정되면. 육아환경이 좋아지고 삶의 질과 출산율이 올라갑니다.

이에 선진국은 보육에 큰 관심을 갖고 보육안정을 위해 최선을 다하고 있습니다. 프랑스 등 보육선진국에선 출산을 복지기반으로 인식하고 연금은 깎아도 육아수당은 줄이지 않습니다.

그간 한국도 보육안정을 국정의 주요과제로 삼고, 보육여건의 향상을 위해 막대한 재정을 투자해 왔음에도 불구하고 보육여건이 여전히 열악하여, 보육불안이 매우 심각한 상황입니다.

이처럼 한국은 심각한 보육불안으로 육아환경 등이 악화되어 삶의 질과 출산율이 크게 저하되고 있습니다. 이에 보육불안의 해소가 매우 시급한 상황입니다.

즉, 보육불안을 조속히 해소할 수 있는 조치(방안)가 필요합니다. 이를 위해 먼저 보육불안의 원인 및 현재 보육불안의 해소를 위해 노력하는 실태 등을 살펴봅니다.

○ 보육불안의 원인

한국 보육불안의 원인을 시설, 돌봄, 비용, 운영 측면 등 유형별로 구분하여 살펴봅니다.

먼저, 보육시설이 크게 부족합니다. 그래서 어린이집 들어가기 위해 대기 번호를 들고, 기다려야 하는 상황입니다. 기업들이 보육시설(어린이집)을 법규대로 설치하지 않고 있는 곳이 많습니다.

이처럼 한국에선 아이들을 믿고 맡길만한 보육시설이 크게 부족하여 전국의 수백만 명의 맞벌이 부부들이 육아 때문에 고통을 받고 있습니다.

다음, 아이 돌봄 여건이 매우 열악합니다. 그래서 취업엄마들은 물론 전업엄마들도 아이 돌봄이 무척 힘든 상황입니다.

취업엄마들부터 살펴봅니다. 한국의 직장여성들은 일과 육아의 양립이 매우 힘듭니다. 이에 육아부담에 의한 경력단절이 잦습니다. 예를 들면 방과 후 학교는 4~5시면 끝나 오후시간에 돌봐줄 곳이 없어, 아이들이 초등학교에 가면 엄마는 직장을 그만두는 사례가 적지 않다고 합니다.

이외에도 애 키우기 힘든 사유로 "잦은 야근과 예고 없이 회식을 하는 한국의 직장문화"를 꼽는 전문가들도 있습니다.

이번엔 전업엄마들을 살펴봅니다. 보육에 대한 인식부족 및 편견 등으로 전업엄마들도 취업엄마들과 마찬가지로 아이 키우기를 힘들어 하고 있습니다.

이와 같이 한국에선 아이 돌봄이 매우 힘들어, 취업엄마들은 물론 전업엄마들도 불안해하고 있습니다.

또한, 비용 측면에서 문제가 많습니다. 정부의 보육비 지원이 OECD 국가 중 꼴찌입니다. 사립 유치원의 경우도 학원비가 너무 비쌉니다. 보육료와 관련하여 모두 불만이 많습니다.

예를 들면, 부모는 보육비지원 미흡, 원장은 보육료 억제, 보육교사는 처우미흡 등으로 모두가 불만이고, 중앙정부와 지자체는 보육비 지원과 관련하여 다툼이 심합니다.

특히, 운영측면에서 많은 문제가 제기되고 있습니다. 원장은 보육료를 변칙 인상을 하고 있고 보육교사들은 처우가 열악하여 그만두는 경우가 많습니다. 학부모들은 형평성과 관련하여 항의가 심합니다.

예를 들면, 지난번에는 보육료와 양육수당 간의 차이로 문제가 심각했습니다. 이번엔 취업 여부 차이로 취업엄마들과 전업엄마들 간의 갈등이 심각했습니다.

이와 같이 한국의 보육분야에 문제가 매우 많지만, 보육과 유아교육을 담당 부처가 달라 문제 해결이 쉽지 않아 보입니다.

이처럼 보육 관련 상황이 매우 심각해지자 보육불안의 해소와 관련하여 여러 곳에서 갖가지 방안(의견 포함)들이 나오고 있습니다.

O 보육불안의 해소노력 실태

위의 방안 중 비교적 많이 거론된다고 생각되는 방안들을 선정하여 살펴봅니다. 우선 저출산·고령사회 기본계획의 제1차 및 제2차 추진사항을 살펴봅니다. (다만 3차의 경우는 이제 시작 중이라 생략합니다.)

제1차 추진 시에는 정부는 정책의 목표 및 방향을 '출산과 양육에 유리한 환경 조성'에 두고, 주요대상은 저소득 가정에 두고, 정책영역은 보육지원에 중심을 두고 추진하였습니다.

제2차 추진 시에는 정부는 정책의 목표 및 기본방향은 '점진적 출산율 회복'에 두고, 주요대상은 맞벌이 가정 등에 두고, 정책영역은 일과 가정의 양립 등에 두고 추진하였습니다.

이와 같이 1차는 저소득 가정에, 2차는 맞벌이 가정에 중점을 두고 추진하였습니다. 그러나 한국의 보육여건은 아직도 매우 미흡하다는 것이 많은 이들의 의견입니다. 이를 살펴봅니다.

먼저, 아이를 믿고 맡길만한 보육시설이 아직도 많이 부족하므로 무엇보다 신뢰할 수 있는 국공립 및 직장보육시설의 대폭 확충과 유연근무제의 도입을 많은 이들이 주장하였습니다.

다음, 아이를 더 낳을 수 있도록 젊은 엄마의 짐을 덜어 주어야한다는 주장이 많았습니다. 그래서 보육 선진국인 스웨덴처럼 제도를 정비하자는 의견이 많았습니다.

또한, 보육비용은 전액 정부가 부담해야 된다는 의견이 적지 않았습니다. 그래서 보육비용의 지원 금액을 가지고 다투는 일이 있어서는 안 된다고 하였습니다.

특히, 보육 관련 제반 운영을 전체의 형평성 차원에서 합리적으로 추진해야 한다는 의견이 많았습니다. 그리고 부모, 원장, 보육교사 등이 만족할 방안을 찾아야 한다고 하였습니다.

그리고, 보육과 유아교육을 담당하는 부처의 통합이 조속히 이루어져야 한다는 의견과 향후 국가의 재정이 좋아지면 보편복지로 가야 한다는 주장이 많았습니다.

이처럼 보육불안의 해소와 관련하여 많은 방안들이 나오고 있습니다. 위의 방안들 하나하나가 모두 훌륭해 보입니다. 이는 보육안정을 위해 많은 이들이 고민을 하고 있음을 뜻합니다.

그러나 위 방안들의 실행엔 상당기간 걸릴 것 같습니다. 따라서 보육불안을 조속히 해소하기엔 역부족해 보입니다. 이에 보육불안의 조속한 해소를 위해선 특단의 조치가 불가피하다고 여겨집니다.

O 생존차원에 의한 보육불안의 해소방안

앞에서 살펴본 바와 같이 보육업불안의 조속한 해소를 위해선 특단의 조치가 불가피하여, 생존차원에서 보육불안의 해소방안을 살펴봅니다.

이에 예로 우선 저자의 아이디어를 소개합니다.

첫 번째, 기업들이 '가족친화경영'과 더불어 '직장보육시설'을 많이 설치하도록 하게 하는 방안입니다. 예를 들어 살펴봅니다.

유한킴벌리는 가족친화경영을 하는 모범적인 회사입니다. 2010년 사내 여직원의 합계출산율을 조사한 결과 1.84명으로 나타났습니다. 당시 국내평균보다 0.62명이나 많은 수치입니다. (제6장에서 보다 자세히 소개합니다.)

위의 기업처럼 모든 기업들로 하여금 가족친화경영을 하게 하고, 직장보육시설을 필히 운영토록 하게 합니다. 작은 기업들은 직장보육시설을 합동으로 운영케 합니다.

직장 이외 가정들도 이용할 수 있도록 개방합니다. 다만, 기업이 보육시설을 설치하기 힘든 지역엔 국가가 지정하는 기관이나 개인이 담당하게 합니다.

그래서 취업엄마들이나 전업엄마들 모두 보육시설을 편리하게 선택할 수 있도록 하게 합니다. 이와 같이 되면, 엄청난 효과가 나타납니다.

우선, 직원의 입장에서 가장 염려되었던 직장의 눈치를 보지 않게 되어 결혼, 임신, 출산, 육아 관련 불안이 사라져 삶의 질이 크게 향상됩니다.

다음, 육아휴직도 쉽게 보장되고, 보육비 다툼도 사라지고, 보육교사 등의 만족도가 높아져 보육의 질이 향상됩니다. 그 결과, 생산성과 함께 종사자들의 출산율이 크게 올라갑니다.

다만, 이의 실현을 위해서 기업들이 가족친화경영을 하지 않거나 직장보육시설을 설치하지 않을 경우에 엄청난 불이익을 주어야 합니다. 그래야 조기에 정착될 수 있습니다.

두 번째, 현재 정부가 '난임' 등에 지원하고 있는데, 한발 더 나아가 생존차원에서 '난임' 관련 연구를 국가적으로 강력히 추진하여 '난임'에 대한 치료의 실효성을 크게 높여야 합니다.

이와 관련한 언론 보도는 신중히 해야 합니다. 왜냐하면 나이든 여성들의 결혼에 엄청나게 지장을 주기 때문입니다.

예를 들어 설명합니다. 현재 "몇 세 이상의 '고령' 여성은 임신이 어렵다. 또는 위험하다."는 식의 언론보도 등은 매우 바람직하지 않습니다. 특히 '고령'이란 표현은 안 좋습니다.

이의 당초 취지는 여성들로 하여금 빨리 결혼케 하려는 의도였는지 몰라도 결과적으로 이는 남성들로 하여금 나이 든 여성과의 결혼을 기피하는 요인으로 작용하고 있습니다.

고령화와 더불어 만혼은 시대적 추세입니다. 따라서 "몇 세 이상의 여성도 의사의 도움만 받으면 임신이 가능하고, 위험하지도 않다."는 식으로 언론보도를 해야 합니다.

물론 과장보도가 아닌 그간의 연구 성과를 뒷받침할 수 있는 수준의 자료를 제시하면서 보도해야 합니다. 그래야 남성들이 나이든 여성과의 결혼을 기피하지 않을 것입니다.

이로 인해 긍정적인 효과가 다양하게 나타날 것입니다. 우선, 결혼환경의 향상에 기여합니다. 이는 의료계의 발전에도 기여합니다. 특히, 삶의 질 및 출산율의 제고에 크게 기여합니다.

세 번째, 장단점이 있겠지만 보육(1~5세) 분야의 담당부처는 여성가족부로 일원화해야 합니다. (제6장에서 이유 설명) 또한, 정부지원은 형평성을 유지해야 합니다.

지금까지 보육불안에 대해 살펴보았습니다.

보육은 인생 및 교육의 출발선입니다. 그런데 한국은 보육불안으로 인해 결혼환경이 악화되어 삶의 질과 출산율을 저하되는 심각한 상황입니다.

이에 감히 저자는 생존차원에서 보육불안의 해소와 관련하여 대안을 말씀을 드렸습니다. 이제 저자의 방안보다 더 좋은 대안이 많이 나와, 젊은 부부들이 자녀들과 함께 행복한 삶을 영위하기를 진심으로 기원합니다.

교육불안 해소

교육은 사람이 살아가는 데 있어 가장 필요한 인성, 체력, 지식 등의 생존능력을 계발해 줍니다. 그래서 교육여건이 좋아 자녀교육이 안정되면 일반적으로 삶의 질과 출산율이 올라갑니다.

이에 세계 각국은 교육에 큰 관심을 갖고 교육여건의 향상에 최선을 다하고 있습니다. 특히, 선진국들은 더 합니다.

그간 한국은 교육의 발전을 주요 국정과제로 삼고, 교육여건의 향상을 위해 최선을 다해 왔습니다. 이에 그간 교육은 양적 성장으로 한국의 경제발전에 크게 기여해 왔지만, 근래에 와서 교육이 사회변화에 뒤져 교육불안이 매우 심각한 수준입니다.

이처럼 한국은 심각한 교육불안으로 육아환경 등이 악화되어 삶의 질과 출산율이 저하되고 있습니다. 따라서 교육불안의 해소는 매우 시급한 상황입니다.

즉, 교육불안을 조속히 해소할 수 있는 조치(방안)가 필요합니다. 이를 위해 먼저 교육불안의 원인 및 현재 교육불안의 해소를 위해 노력하는 실태 등을 살펴봅니다.

○ 교육불안의 원인

교육불안의 원인은 담당부처의 폐지론이 거론될 정도로 매우 많습니다. 그렇지만 여기에선 정치적 오해 또는 집단 간의 다툼의 소지가 있는 것 등은 모두 제외하였습니다.

이에 교육불안의 원인을 대입제도, 대학서열, 대학정원, 취업실적, 사교육, 사교육비, 왜곡현상, 시험낭인, 학교폭력, 학생지도, 학생감소, 구조조정 등의 위주로 살펴봅니다.

첫 번째, 대입제도와 대학서열 측면에서 교육불안의 원인을 살펴봅니다. 대학은 교육과정의 최고 정점에 있습니다. 그래서 대학이 교육에 미치는 영향은 매우 큽니다.

그런데 정점에 있는 대학들이 대학입시에 의해 암묵적으로 서열화 되고, 서열이 높은 대학들을 소위 명문대학이라 하여 모두가 선망합니다.

이는 공식적인 서열이 아님에도 한국 사회는 이를 절대시 합니다. 그래서 한국의 거의 모든 학부모들은 자신들의 자녀들이 서열이 높은 명문대학에 들어가기를 원합니다.

이에 학부모들은 자녀들을 유아시절부터 오직 승자만 살아남는 정글과 같은 입시경쟁에 진입합니다. 아이들은 10년 이상을 밤늦게까지 선행학습과 경쟁에 시달리고, 학부모들은 학비 부담에 시달립니다. 이는 장기적 일상불안을 야기합니다.

이처럼 최고 정점에 있는 대학의 입시제도가 대학 서열화를 부추겨 교육불안의 가장 큰 원인이 되고 있습니다.

이에 많은 교육계 인사들이 대학입시의 폐지와 대학평준화의 공론화를 주장하고 있습니다. 이와 관련하여 '교육부 폐지' 등이 대선이나 총선 때마다 도마에 오르고 있습니다.

두 번째, 대학정원과 취업실적 측면에서 교육불안의 원인을 살펴봅니다. 정부는 대학진학률의 상승과 대학의 요청을 빌미로 대학의 입학 정원수를 크게 늘려 왔습니다.

이는 자녀들이 좋은 대학을 나와 안정된 직장에서 근무하기를 원하는 학부모들의 바람과 대학들의 재정적 이해 및 정부의 양적 성장 정책과 일치된 결과입니다.

그래서 한국은 대학이수자(69%)가 세계에서 가장 많은 나라가 되었습니다. 반면, 저성장시대의 도래 등으로 대학이수자의 수준에 맞는 양질의 일자리는 거의 늘어나지 않고 있습니다.

그 결과, 양질의 일자리의 수가 대학이수자의 수의 반 정도입니다. 이에 취업상황이 제로섬 게임의 룰처럼, 반이 붙으면 반이 떨어지는 상황입니다. 이로 인한 후유증이 심각합니다.

취업경쟁의 심화로 대학에 들어와서도 사교육이 계속되고, 이는 취업비용의 상승요인으로 작용하고, 학부모들의 불만과 분노가 봇물처럼 터져 나오고, 선거 때마다 교육부의 폐지론 및 교육제도의 개혁이 크게 거론되고 있습니다.

차제에 대학이수자의 엄청난 증가로 인해 고용시장의 구직 불균형 현상을 살펴봅니다. 한국의 산업구조는 중소기업(99%)이 많아 고용의 대부분(약 88%)을 담당합니다.

설명의 편의상 중소기업을 서까래제작 회사, 대기업을 대들보제작 회사로 비유합니다. 그러면 대들보제작 기술자들보다 서까래제작 기술자들이 더 많아야 됩니다. 이는 상식입니다.

그런데 한국은 반대로 서까래제작 기술자들보다 대들보제작 기술자들이 훨씬 더 많습니다. 이는 고교까지 졸업자들(31%)보다 대학이수자들(69%)을 더 많이 배출하였기 때문입니다.

그래서 고용시장이 왜곡되어, 대기업엔 일할 사람이 넘치고, 중소기업엔 부족합니다. 이에 대들보제작 기술자인 대졸자가 천덕꾸러기가 되고 있습니다. 이는 엄청난 아이러니(irony)입니다.

이에 혹자는 "대들보제작 기술자를 교육시켜 서까래제작 기술자로 쓰면 되지 않느냐?"는 의문을 가질 수 있습니다. 이는 논리적으론 가능하나 현실에서 이런 경우를 찾아보기 힘듭니다.

왜냐하면 제때에 배우는 것보다 시간과 비용은 더 들고, 기능도 제대로 연마할 수 없기 때문입니다. (이에 대한 책임은 인허가 권한을 가진 정부에 있는 것만은 확실합니다.)

이러한 상황으로 인해 나이가 들어서까지 취업을 못해 부모 곁을 떠나지 못하고 불안 속에서 지내는 젊은이들이 늘어나고 있습니다. 이들은 한국을 헬조선이라고 합니다. 하여튼 이는 교육을 많이 받아서 겪는 비극입니다.

세 번째, 사교육과 사교육비 측면에서 교육불안의 원인을 살펴봅니다. 사교육비의 부담이 유, 초, 중, 고 과정으로 갈수록 커집니다. 최근엔 대학과정에서도 사교육 현상이 있습니다.

한국의 부모들은 자녀교육열이 대단하여 유아시절부터 여러 형태의 학원에 보내, 학원비가 만만치 않습니다. 초등학교에 들어가면, 학교수업 외에도 많은 학원에 다닙니다. 이에 학원비가 유아과정보다 더 들어갑니다.

중학교에 들어가면, 초등학교 때보다 더 비싼 학원에 보냅니다. 이에 학부모들의 경제적 부담은 더 커집니다. 고등학교에 들어가면 자녀 대학입시를 위해, 별별 과외를 다 시키고, 심지어 월 1,000만원 하는 고액불법 과외까지 시킨다고 합니다.

대학교에 들어가서도 취업난으로 많은 학생들이 취 취업시험과 관련하여 사교육을 받고 있습니다. 이처럼 학부모들은 일명 '살인적 사교육비' 등으로 인해 자녀를 대학졸업까지 키우는데 약 3억 원이 든다고 합니다.

또한, 입시 및 취업 결과가 거의 사교육비에 비례하여 나타나므로 한국 교육이 불평등하다고 비판하는 이들이 많습니다. 예를 들면 특목고과 일반고, 강남지역과 일반지역, 부유계층 대 일반계층 간에 차이가 있다는 것입니다

차제에 중 · 고교 입시폐지 과정을 살펴봅니다.

1960년 중반이후 중학교 진학을 위한 입시위주의 사교육이 엄청나게 극성을 부렸습니다. 그러자 이를 해결하기 위해 정부는 1969년 중학교 무시험 진학제도를 실시하였습니다.

이 제도의 시행으로 초등학생들을 대상으로 한 입시위주의 사교육은 사라졌으나, 중학생들을 대상으로 한 고교진학을 위

한 입시위주의 사교육이 무섭게 극성을 부렸습니다.

이에 정부는 이를 해결하기 위해 고등학교 평준화 정책을 도입하였습니다. 정부는 1974~1980년 사이에 서울과 부산을 시작으로 하여 중소도시 지역까지 확대 실시하였습니다.

이 정책의 시행으로 중학생들을 대상으로 한 입시위주의 사교육은 사라졌으나 반면, 고등학생들을 대상으로 한 대학진학을 위한 사교육이 더욱 더 무섭게 극성을 부렸습니다.

위의 정책으로 공교육은 하향 평준화되고 사교육은 오히려 더 심해져 학부모들의 사교육비 부담을 크게 증가시켰습니다.

이를 보완하기 1990년대 들어 과학고, 외국어고 등 다양한 유형의 특수목적고가 설립되었습니다. 이는 오히려 잠들었던 중학생들을 대상으로 한 사교육을 깨운 결과를 초래하였습니다.

근래 대학 졸업자들이 엄청나게 증가하여 대학을 졸업해도 상당수가 취업하기 힘들게 되자, 대학별 취업률이 사회적 큰 관심사가 되었습니다.

학원들은 위와 같은 상황을 재빨리 이용하여 사교육의 대상을 양 방향으로 확대하였습니다. 한 방향은 유아들이고, 다른 한 방향은 미취업 대학이수자들입니다. 이를 살펴봅니다.

학원들은 "취업이 잘되는 명문대학에 보내려면, 유아시절부터 공부시켜야 한다."고 유아들의 선행학습을 부추겼습니다. 이에 유아들에게까지 선행학습이 확산되었습니다.

이어서 학원들은 취업을 못한 젊은이들을 유혹하였습니다. 그러자 노량진 등 고시촌에 많은 젊은이들이 엄청나게 몰려들고 있습니다. 30대 중반을 넘는 이들도 많습니다.

이와 같이 한국은 유아들부터 30대까지 사교육 열풍현상에 휩싸여 있습니다. 이는 사실상 재앙입니다. 이에 사교육의 열풍을 조속히 진화할 수 있는 특단의 조치가 필요합니다.

네 번째, 왜곡현상 및 시험낭인 측면에서 교육불안의 원인을 살펴봅니다. 현재 로스쿨 열풍이 엄청납니다. 그리고 공무원시험 경쟁률이 엄청나게 높습니다. 그래서 시험낭인이 많이 생겨나고 있습니다. 이는 매우 잘못된 현상입니다.

이와 같이 한국에선 부모의 바람 및 사회의 제반영향 등으로 학생들이 일부직종에 대한 엄청난 선호현상으로 부작용이 매우 심각합니다.

우선, 이는 사교육을 시키는 중요한 요인 중 하나로 작용합니다. 그래서 학생들은 학원에서 밤늦게까지 시달리고, 학부모들은 살인적인 사교육비를 부담하느라 엄청난 고생을 합니다.

다음, 대학교육에 부정적인 영향을 주고 있습니다. 로스쿨 및 공무원 시험 준비를 위해 학교 수업시간에 학원에서 강의를 듣고 있는 대학생들이 적지 않습니다.

또한, 대학 졸업 후에도 사교육을 계속 받는 요인이 되고 있습니다. 엄청난 경쟁률로 학원에서 밤늦게까지 고생하고 있는 이들이 많습니다. 이를 살펴봅니다.

예를 들면, 경쟁률이 수십 대 일인 공무원시험 경쟁에서 승리하기 위해 30대가 지나도록 학원에서 밤늦게까지 고생하는 이들이 적지 않습니다. 그래서 학원가는 문전성시입니다.

더 문제는 여기서 탈락한 많은 사람들이 남은 인생을 거의 낭인이나 폐인으로 살아간다는 것입니다. 그런데 정부는 이를 개인적인 사안이라고 방관합니다. 이는 매우 잘못된 처사입니다.

왜냐하면 정부의 잘못된 정책 및 제도 탓으로 아까운 인재들이 너무 많이 희생되기 때문입니다. (왜냐하면 정책결정이나 제도승인은 정부가 하기 때문입니다.)

이와 같이 일부직종에 대한 지나친 선호현상으로 수십만 명이 학원에서 사교육을 받고 있을 뿐만 아니라 많은 인재들이 희생되고 있습니다. 이는 참으로 불행한 왜곡현상입니다.

다섯 번째, 학교폭력 및 학생지도 측면에서 교육불안의 원인을 살펴봅니다. 한국의 경우, 학교폭력이 초, 중, 고 모든 과정에서 발생하고 있습니다. 자살이 매일 한 명 꼴로 일어납니다.

교사에게도 대듭니다. 이러한 상황에 대해 대통령도 반성한다고 사과한 바 있습니다. 이제 학교폭력은 학교 스스로 해결하기 힘든 사회적 난제가 되었습니다. 많은 이들이 학교폭력은 정글같은 입시위주 교육의 산물이라고 합니다.

여섯 번째, 학생감소와 구조조정 측면에서 교육불안의 원인을 살펴봅니다. 현재 한국은 저출산으로 인해 학령인구가 해마다 감소하고 있습니다.

이에 초, 중, 고등학생이 계속 줄어들고 있습니다. 이에 신입생이 급감하고, 졸업식을 못하는 학교가 적지 않습니다. 이러한 현상은 도시보다 지방이 더 심합니다.

이에 농촌지역에선 매년 많은 초, 중, 고교 및 일선 교육기관이 통폐합되어 사라지고 있습니다. 학교가 사라지면 지역 경제가 크게 위축되어 주민들의 반발이 큽니다.

대학의 경우도, 일부 지방사립대는 학령인구 감소로 정원을 못 채워 재정이 매우 어려운 상황입니다. 따라서 정부는 지역균형발전 차원에서 지방대를 지원, 육성해야 마땅합니다.

그럼에도 불구하고 정부는 오히려 학령인구의 감소에 대비한다는 명분 아래, 사실상 같은 잣대로 대학의 구조조정을 강행하고 있습니다.

이로 인해 학령인구의 감소로 가뜩이나 어려운 지방사립대는 대학의 구조조정정책으로 생존까지 위협받고 있습니다.

실제 심지어 몇 개 대학은 폐교까지 당해 교직원들은 졸지에 직장을 잃고, 지역 주민들은 상실감으로 한숨만 쉬고 있습니다.

특히 대학은 지역의 구심점입니다. 그래서 대학이 폐교가 되면 공동화 현상으로 주변은 폐허가 되다시피 합니다. 이에 전문가들은 지역균형발전이 실종되는 것이 더 큰 문제라고 지적했습니다.

이처럼 많은 원인에 의해 교육불안이 심각해지자, 교육불안의 원인에 대한 대처방안(의견 포함)들이 많이 제기되고 있습니다. 이에 대해 살펴봅니다.

O 교육불안의 해소노력 실태

위에서 살펴본 바 있는 교육불안의 원인들을 불안 해소 측면에서 다시 살펴봅니다.

첫 번째, 많은 이들이 대입제도 및 대학서열과 관련하여 획기적인 개혁을 주장하였습니다. 심지어 일부 일선 교육행정 책임자들은 '대학 평준화'를 주장하고 있습니다.

이들은 대입제도를 폐지하고 대학서열을 없애, 공부경쟁을 대폭 완화하자는 것입니다. 그래서 아이들을 빨리 정글 같은 공부경쟁에서 해방시켜 주자는 것입니다.

그런데 막상 정책당국은 대입시험제도에 대한 근본 대책은 강구하지 않고 변죽만 울리고 있어 학생들과 학부모들의 불신, 불만, 분노는 줄어들지 않고 있습니다.

두 번째, 많은 이들이 대학정원 및 취업실적과 관련하여 많은 개선이 필요하다고 주장하였습니다. 이들은 대학은 필요한 사람만 가게하고, 학생 취업을 위해 더 힘써야 한다는 의견입니다.

많은 이들이 대학생 수가 선진국에 비해 너무 많다고 지적하지만, 이를 효과적으로 줄일 수 있는 방법이 없습니다. 왜냐하면 강제할 수 있는 법이 없기 때문입니다.

정책당국이 대학들의 취업실적을 챙깁니다. 그래서 대학들마다 학생들의 취업을 위해 많은 노력을 하고 있습니다. 그렇지만, 전체적으로 볼 땐 항상 거의 같습니다.

왜냐하면 양질의 일자리는 한정되어 있어 취업경쟁 역시 입시경쟁처럼 제로섬 게임의 룰과 같은 구조라 누군가 붙으면 누군가는 떨어지기 때문입니다.

이처럼 당장 대학정원도 줄일 수 없고 취업실적도 당장 올릴 수 없습니다. 그래서 대기업 등에선 일할 사람이 넘치는 고용시장의 왜곡현상은 계속되고 있습니다.

세 번째, 많은 이들이 사교육과 사교육비와 관련하여 획기적인 개선이 요망된다고 하였습니다. 그럼, 교육주체와 교육비용을 구분해서 살펴봅니다.

교육주체에 대해 살펴봅니다. 많은 이들이 조속히 교육현장에서 공교육이 주체가 되어 교육 본래의 기능을 되찾아야 한다고 주장합니다. 특히 인성교육의 필요성 등을 강조합니다.

교육비용에 대해 살펴봅니다. 많은 이들이 교육이 사다리 역할을 수행하기 위해선 교육비용의 상당부분을 국가가 지원해야 한다는 의견이 지배적이었습니다.

즉, 의료와 더불어 교육은 국가가 책임져야 한다는 의견입니다. 이를 위해, 우선 고등학교 과정을 의무교육으로 하고, 대학도 50% 이상을 국립화해야 한다는 의견입니다.

특히 공교육 위주의 학습으로 살인적인 사교육비를 대폭 줄여야 한다는 주장입니다. 그리하여 교육이 사다리 역할을 제대로 수행할 수 있어야 한다는 의견입니다.

네 번째, 왜곡현상 및 시험낭인 증가 현상에 대해 걱정하는 이들이 많습니다. 그러나 문제점은 파악하고 있지만, 해결방법에 대한 의견이 다양하여 추진이 부진합니다.

예를 들면, 사법시험으로 인한 고시 낭인을 방지하고자 로스쿨제도를 도입하였으나, 불합리한 규제로 인해 사회적 낭인이 다시 양산되고 있습니다.

또한, 공무원 분야의 경우 무한경쟁으로 시험 경쟁률이 매우 높아, 30대 중반을 넘어서까지 공무원 시험에 매달리느라 고생하는 이들이 적지 않습니다.

그래서 로스쿨제도의 경우는 규제철폐를 놓고 다툼이 있고, 공무원의 경우는 경쟁률을 합리적 수준으로 낮출 수 있는 효과적인 제한방법을 찾지 못해 엉거주춤한 상태입니다.

다섯 번째, 학교폭력 및 학생지도에 대해 많은 이들이 인성교육 및 학생지도의 강화를 주장하였습니다.

초, 중, 고 교육과정을 '인성과 능력'이 조화될 수 있는 방향으로 개편하고, 대학도 '인성과 능력'이 조화된 학생을 뽑아야한다는 의견입니다.

이어서 초, 중, 고등학교 선생님들의 권위를 높여, 사명감을 갖고 교단에 서게 해야 하고, 아이들의 정서 발달을 위해 교원의 남녀비율을 균형이 되게 선발해야 한다는 의견입니다.

특히, 가해학생의 엄중한 처벌을 주장하였습니다. 이유는 학교폭력을 저지른 아이의 70%가 커서도 범죄를 저지르기 때문이라고 하였습니다.

여섯 번째, 학생감소로 인한 초, 중, 고교 및 일선 교육기관의 통폐합 문제 그리고 대학의 구조조정은 고도의 정책사항인 동시에 매우 민감한 문제이므로 중·장기적으로 대책을 세워 신중하게 추진해야 한다고 많은 이들이 주장하고 있습니다.,

다만, 대학의 구조조정은 지역균형발전과 관계가 깊은 국가적인 현안사항이므로, 지역불안의 차원에서 더 살펴보고자합니다.

지금처럼 교육분야에 문제가 많이 쌓이게 된 것은 사회의 많은 분야와 연관되어 있는 교육을 그간 일개 부처에서 다루다 보니 통합적인 시각에서 보지 못한 결과라는 것입니다.

위의 방안들은 취지는 모두 훌륭하지만, 당장 실행에 옮기에는 쉽지 않은 것들입니다. 이에 교육불안의 조속한 해소를 위해선 특단의 조치가 불가피하다고 여겨집니다.

○ 생존차원에 의한 교육불안의 해소방안

앞에서 살펴본 바와 같이 교육불안의 조속한 해소를 위해선 특단의 조치가 불가피하여, 생존차원에서 교육불안의 해소방안을 살펴봅니다.

이 부분 또한 이 책의 핵심 중의 핵심입니다. 왜냐하면 교육불안은 취업불안과 더불어 6개 불안 중 가장 심각한 생존문제이기 때문입니다. 이에 교육불안을 야기하는 규제는 과감하게 혁파하고, 교육여건의 향상에 도움이 되거나 필요한 제도는 생존차원에서 과감히 도입하여야합니다.

그럼, 예로 우선 저자의 아이디어를 소개합니다.

앞(제2장)에서 살펴본 바와 같이 교육불안의 근본적인 배경은 학부모들과 학생들이 교육정책에 대한 불신과 불만 등입니다.

따라서 교육불안을 해소하기 위한 관건은 학부모들과 학생들의 불신과 불만을 사고 있는 교육정책의 문제점들을 어떻게 개혁하느냐에 달려 있다고 할 수 있습니다.

그 중에서도 불신과 불만이 가장 심한 대입제도 및 대학서열, 대학정원 및 대졸취업 , 왜곡현상 및 시험낭인 등에 대한 개혁이 일차적 관건이라 하겠습니다.

왜냐하면 이 문제들이 사교육(사교육비)을 증가시키고, 학교폭력을 야기하는 근본원인이기 때문입니다. 그래서 일차적 관건이 해결되면 사교육 및 학교폭력 등이 크게 감소할 것입니다.

이에 따라 사교육비 부담 및 학생지도 등이 한결 수월해질 것으로 보입니다. 다만, 학생감소 및 이와 관련한 구조조정은 고도의 정책차원의 문제이므로 별도로 살펴봅니다.

그래서 여기서는 대입제도 및 대학서열, 대학정원 및 대졸취업, 왜곡현상 및 시험낭인 등의 개혁방안에 대해 살펴봅니다.

(1) 대입제도 및 대학서열 관련 개혁방안

이미 살펴본 바와 같이 한국에서 대학입시제도는 대학서열화를 야기하여 많은 병폐를 낳고 있습니다. 이는 교육불안을 야기하는 가장 주요 요인으로 작용합니다.

따라서 대학서열화의 대폭 완화를 위한 대학입시제도의 개혁이 시급합니다. 이에 이의 개혁방안을 살펴봅니다.

개혁의 핵심내용은 모든 대학교(다만, 예체능 관련 특수학교 제외)의 입학시험을 고등학교의 성적으로 대체하여, 경쟁을 대폭 줄이는 방안입니다. 이는 생존차원에서 봐야 합니다.

선발범위를 살펴봅니다. 대학들이 신입생을 뽑을 때에 선발인원의 3/4 이상을 고교성적으로 뽑게 하고, 각 대학별로 제반 사정을 고려하여 1/4 안에서 임의로 뽑게 합니다.

이는 대학이 임의로는 모집인원의 1/4을 초과하여 선발할 수는 없으나 반면, 고교성적으로는 모집인원의 3/4이상 100%까지 선발이 가능함을 의미합니다.

각 대학별로 1/4 안에서 임의로 뽑게 한 것은 사실상 우회로 입니다. 설사 꿈같은 희망일지라도 빼앗아서는 안 됩니다. 이에 이 제도 시행과 관련하여 불리한 사람이 없도록 배려한 것입니다.

예를 들어 시행방안을 살펴봅니다.

고교성적은 학교별로 3년간의 재학성적 50% 및 졸업시험 50%을 반영하여 등수를 매깁니다. 이를 백분율로 나타낸 등수 위치와 4등분한 등급(1, 2, 3, 4등급)으로 표시합니다.

대학에 제출하는 대입원서의 성적 란엔 등급만 기재합니다. 대학에선 성적 란의 등급만 보고 학생을 선발합니다.

등급은 다소나마 경쟁의 이점을 유지하기 위한 것입니다. 지나친 경쟁이 문제이지 최소한의 경쟁은 항상 필요합니다. 그래서 다음 사항은 필히 준수해야 합니다.

〈준수사항 1〉 고교가 다른 경우엔 등급을 우선하고, 같은 등급일 경우엔 동등시합니다. 그러나 같은 고교출신으로서 등급이 같은 경우에는 등수로 결정합니다.

〈준수사항 2〉 면접, 내신, 학교생활기록부 등은 공평성을 고려하여 합격 여부를 결정하는 데만 적용합니다. 다만, 대학별 1/4 안에서 임의로 뽑는 시험의 경우는 제한하지 않습니다.

〈준수사항 3〉 선발인원보다 동급의 응시인원이 많을 경우에 대학은 '고교별로 등수가 가장 높은 학생을 1명'씩 남겨두고, 이들 중에서 추첨방식으로 선발합니다.

위의 추첨방식에 대해 '학생 개개인의 정확한 능력 평가'와 관련하여 의문을 제기할 수 있으나, 생존차원에서 전체의 생존을 위해 택하는 특단의 조치인 것입니다.

그리고 이 추첨방식은 1970년대 고등학교 평준화 정책 도입 시에 이미 실시한 바 있습니다. 따라서 고등학교는 되고 대학은 곤란하다는 것은 말이 안 됩니다.

전년도에 탈락한 재 응시자는 현재의 점수를 계속해서 사용해도 되고, 다음년도 졸업생들과 함께 졸업시험을 다시 본 후에 전년도 성적과 비교하여 더 좋은 성적으로 응시할 수 있습니다.

이 경우 재 응시자가 원할 경우엔 재학시절의 성적을 최근 졸업시험으로 대체할 수 있게 하여 재 응시자의 이익을 최대한 보장합니다.

이 방안은 사실상 평가대상의 범위가 전국 단위에서 학교별 단위로 축소되어, 많은 효과가 기대됩니다.

먼저, 전국 단위의 지나친 경쟁이 크게 완화됩니다. 반면 학교단위 경쟁으로 상생은 크게 증진됩니다. 즉, 경쟁과 상생의 조화로 경쟁의 이점과 상생의 장점을 다 살릴 수 있습니다.

다음, 대학 서열화가 사실상 무의미해집니다. 이는 평가대상의 범위가 학교별 단위로 국한되어 대학 간의 격차가 크게 축소되기 때문입니다.

또한, 공교육이 중심이 되어 인성교육이 강화되고, 이로 인해 학교폭력이 크게 감소됩니다. 반면, 사교육의 축소로 사교육비 등이 크게 절감됩니다.

그리고, 사실상 고교 간의 격차가 사라지게 됩니다. 상생의 증진으로 특목고와 자사고의 의미도, 좋은 학군과 나쁜 학군의 차이도 사라질 것이기 때문입니다.

나아가, 지역균형발전에도 크게 기여합니다. 도시소재 학교와 지방소재 학교 간의 격차도 거의 문제시되지 않게 되기 때문입니다.

이어서, 양극화 및 불평등, 고비용 및 저효율의 완화에 기여하여 경쟁이 완화되고 사교육비 등이 절감됩니다. 이는 노후불안의 해소에도 크게 기여합니다.

특히, 이제는 다른 학교와 비교하지 않아도 되기 때문에 학교별로 창의적인 교육을 할 수 있습니다. 이는 훗날 노벨상 수상자들이 나올 토대가 될 것입니다.

이는 궁극적으로 교육으로 인한 장기적 일상 불안을 크게 해소하여 삶의 질과 출산율를 높이는 요인으로 작용할 것입니다.

(2) 대학정원 및 취업실적 관련 개혁방안

이미 살펴본 바와 같이 대학의 엄청난 양적증가로 고용시장이 크게 왜곡되어 극심한 취업난을 더 가중시키고 있습니다. 이는 교육불안을 야기하는 주요 요인으로 작용합니다.

따라서 고용시장의 왜곡해소를 위한 취업관련 개혁이 시급합니다. 이에 이의 개혁방안을 살펴봅니다.

생존차원의 입장에서, 정부기관 및 공기업 등의 출발 직급 선발시험을 고등학교의 성적으로 대체하는 방안입니다. (출발 직급은 공무원은 9급, 공기업은 최하위 정규 직급을 말합니다.)

정부기관 및 공기업 등이 출발 직급을 채용할 때에 선발인원의 3/4 이상을 고교의 성적으로 하고, 각 선발기관별로 제반사정을 고려하여 1/4 안에서 임의로 채용하게 합니다.

따라서 선발기관이 고교성적으로 모집인원의 100%까지 선발이 가능합니다. 그러나 선발기관의 임의로는 모집인원의 1/4을 초과하여 선발할 수 없습니다.

위의 방안을 정부가 영향을 미칠 수 있는 모든 기관, 단체, 협동조합 등에 위의 방안을 권유합니다. 그러면 사회 전반으로 확산되어, 민간 기업들도 크게 동참할 것으로 보입니다.

고등학교 성적은 대입원서와 같이 취업원서에도 같은 기준을 적용합니다. 그래서 학교별로 재학성적 50% 및 졸업시험 50%을 반영 것을 4등분하여, 등급(1, 2, 3, 4등급)을 매깁니다.

회사에 제출하는 취업원서의 성적 란엔 등급만 표시합니다. 회사에선 성적 란의 등급만 보고 사원을 선발합니다. 준수사항도 대입시험 때와 같으나, 단 3항의 경우는 다릅니다.

〈준수사항 3〉 선발인원보다 동급의 응시인원이 많을 경우에 기관은 '고교별로 등수가 가장 높은 학생을 1명'씩 남겨두고, 이들 중에서 백분율로 나타낸 등수위치가 높은 순으로 선발합니다. (필요시 등수는 해당 교육청이나 학교로 문의합니다.)

전년도에 탈락한 재 응시자는 현재의 점수를 계속해서 사용해도 되고, 다음년도 졸업생들과 함께 졸업시험을 다시 본 후에 전년도 성적과 비교하여 더 좋은 성적으로 응시할 수 있습니다.

이 경우 재 응시자가 원할 경우엔 재학시절의 성적을 최근 졸업성적으로 대체할 수 있게 하여 재 응시자의 이익을 최대한 보장하여 줍니다.

이 취업관련 개혁방안도 대입제도의 개혁방안과 마찬가지로 많은 효과가 기대됩니다.

먼저, 전국적인 경쟁이 학교단위별 경쟁으로 약화되어 지나친 경쟁이 크게 완화되고 상생은 크게 증진됩니다. 즉, 경쟁과 상생의 조화로 경쟁의 이점과 상생의 장점을 다 살릴 수 있습니다.

다음, 고용시장의 불균형 현상을 크게 완화합니다. 이는 양극화 및 불평등, 고비용 및 저효율 등의 완화에 크게 기여합니다. 노후불안의 해소에도 크게 기여합니다.

또한, 교육현장이 공교육위주로 운영되어 인성교육이 가능합니다. 사교육이 완화되어 사교육비가 대폭 줄어들고 대학의 정원이 합리적으로 조정됩니다.

그리고, 노후불안의 해소에도 크게 기여합니다. 자녀에 대한 사교육비, 대학 등록금, 구직활동비 등을 절약할 수 있기 때문입니다.

나아가, 지역별 학교 간의 격차해소로 지역균형발전에도 크게 기여합니다. 도시소재 학교와 지방소재 학교 간의 차이를 사실상 없애기 때문입니다.

이 방안은 대입제도의 개혁방안에 추가하여 교육으로 인한 장기적 일상 불안을 크게 해소하는 요인으로 작용할 것입니다. 이 방안 역시 우회로를 설치하였습니다.

(3) 왜곡현상 및 시험낭인 관련 개혁방안

이미 살펴본 바와 같이 한국에서는 로스쿨 열풍이 엄청나고, 공무원시험의 경우 경쟁률이 엄청나게 높습니다. 그래서 시험낭인의 양산 등 부작용이 심각하여 개혁이 시급합니다.

첫 번째, 로스쿨제도를 살펴봅니다.

로스쿨제도는 사법시험으로 인해 파행된 제반사항을 정상화시키는데 목적을 두고 도입하였습니다.

이를 유형별로 살펴보면 고시낭인의 해소, 법학교육의 정상화, 다양한 분야에 특화된 우수한 법조인 양성(사회 경험 중시), 국가 우수인력의 효율적 배분 등입니다.

그런데 로스쿨 졸업자(예정자)를 대상으로 변호사 자격시험을 상대 평가하고, 5회 응시자 자격박탈 등 불합리한 규정으로 인해 사회적 낭인이 다시 양산되고 있습니다.

이로 인해 각 로스쿨은 합격률을 최우선으로 하지 않을 수 없는 상황이 되었습니다. 이에 로스쿨은 학원화되어 법학교육이 비정상적으로 운영되고 있습니다.

합격률이 최우선시 되자, 다양한 분야에 특화된 우수한 법조인의 양성을 위해 사회 경험을 중시한다는 당초의 취지와 달리, 시험에 강한 어린 사람위주로 선발하고 있습니다.

이처럼 다양한 분야에 특화된 우수한 법조인의 양성이 곤란하게 되어, 국가 우수인력의 효율적 배분이라는 목적도 사실상 달성할 수 없게 되었습니다.

이와 같이 로스쿨이 학원화되어, 로스쿨제도의 도입 취지가 뒷전으로 밀려나자, 로스쿨 계는 로스쿨제도의 도입취지를 살리기 위해 두 가지 사항을 요구하고 있습니다.

하나는 변호사자격시험의 합격자 수와 관련한 경우이고, 다른 하나는 변호사자격시험의 응시회수제한과 관련한 경우입니다.

먼저, 변호사자격시험의 합격자 수와 관련한 경우를 살펴봅니다. 이는 합격 기준을 '정원의 75%'에서 '응시인원의 75%'로

조정해 달라는 것입니다.

이는 요구대로 들어주면 됩니다. 이는 자격시험이며, 이들은 이미 로스쿨이라는 최고의 대학원에서 변호사 용도로 다듬어진 재목들로서 자격이 충분하기 때문입니다.

그런데 기존 단체에서는 합격기준의 변경을 5년간이나 반대하여 왔습니다. 이들이 주장하는 논리를 살펴봅니다.

변호사 수가 지금도 많다고 합니다. 그래서 갈 데가 없어서 이백만원짜리 월급쟁이도 있다고 합니다. 변호사는 국민의 억울함을 대변해주는 직업의 특성상 고도의 실력이 필요한데, 시험을 더 완화하면 실력이 저하되어 안 된다는 것입니다.

이들의 논리는 하나하나가 모순입니다. 변호사 수가 많다고 하는데, 수요자인 국민의 입장에서 볼 땐 아직도 턱없이 부족합니다. 예로 미국은 의사의 수보다 변호사의 수가 많은데 한국은 이와 반대입니다.

변호사가 갈 데가 없어서 이백만원짜리 월급쟁이나 한다고 하는데 로스쿨을 만든 취지가 바로 이겁니다. 법률전문가들이 여러 분야에서 일하게 하자는 것입니다.

나아가 진입장벽의 완화로 국민을 상대로 합리적 수준의 경쟁을 유발하여 변호사비용도 낮추자는 것입니다. 참고로 타 직종에 비하면 초봉 이백만원은 적지 않은 편입니다.

직업의 특성과 관련하여 실력운운 하는데, 로스쿨 출신자들은 이미 대학에서 4년간, 로스쿨에서 3년간 열심히 공부한 사람들입니다. 의사는 생명을 다루는데도 합격률이 통상 90~95% 정도

인데, 변호사자격시험은 합격률이 사실상 50% 정도입니다.

이외에도 변호사 단체들은 갖가지 이유로 반대하고 있는데, 전체의 생존차원에서 기득권을 내려 놓아야 합니다. 한사람이라도 사회에 더 많이 나가도록 해야 합니다.

다음, 변호사자격시험 응시회수제한의 해제와 관련한 경우를 살펴봅니다. 이는 변호사자격시험의 응시회수를 5회로 제한하고 있는 규정을 철폐해 달라는 것입니다.

이는 당연히 풀어주어야 합니다. 왜냐하면 '자격'시험을 영원히 박탈하는 것은 가혹할 뿐만 아니라 헌법상 직업선택에 대한 자유를 정면으로 침해하는 것이기 때문입니다.

그러나 이를 반대하는 쪽의 논리는 이 규정은 사회적 낭인을 방지할 목적으로 만들었기 때문에 철폐할 수 없다는 주장입니다. (한국의 경우처럼 우회로 없이 전면 제한한 경우는 없습니다.)

그런데 현실은 이와 반대로 이 규정에 의해 오히려 사회적 낭인이 매년 수백 명씩 쏟아져 나오고 있기 때문입니다. 따라서 5회로 제한한 규정을 즉시 철폐해야 합니다.

진정으로 사회적 낭인을 방지할 의도라면 신입생을 적게 선발해야 합니다. 3년을 공부시켜 놓고 50%를 불합격을 시키는 것은 매우 잘못된 처사입니다. 이는 즉각 시정돼야 합니다.

지금까지 살펴본 바와 같이 합격자 수를 정원대비 75%로 선발하는 규정 및 변호사자격시험의 응시횟수를 5회로 제한하는 규정은 처음부터 잘못 만들어진 것입니다.

선발제한규정으로 인해 매년 50%가 불합격되어 신림동 고시학원이 문전성시를 이루고, 응시횟수 제한규정으로 인해 매년 25%가 사회적 낭인이 되기 때문입니다.

이에 변호사자격시험을 절대평가 방법으로 합격률을 응시자의 90~95% 수준으로 올리고, 응시횟수의 5회 제한규정 철폐 등 '의사시험'처럼 자격시험 규정을 합리적으로 조정해야 합니다.

그러면 고시낭인이 해소되고, 오히려 사실상 양질의 일자리를 매년 500개 정도 더 기대할 수 있습니다.

아울러, 로스쿨시험을 '대입제도의 개혁방안'과 같이 대학교의 성적으로 선발하는 것입니다. 그러면 대학교육의 활성화, 학벌타파, 사교육비의 감소, 지역균형발전 등에 기여할 것입니다.

하루속히 불합리한 변호사자격시험 규정의 개정으로, 고시낭인의 해소와 더불어 법학 교육의 정상화로 다양한 분야에 특화된 우수한 법조인이 사회 각계에 효율적으로 배분되기를 기대합니다.

두 번째, 중견 공직분야를 살펴봅니다.

현재 중견 공무원시험으로 5급 및 7급이 있습니다. 경쟁이 심해 7급 시험에 떨어진 사람이 그해 5급 시험에 합격한 사례도 있습니다. (9급은 앞에서 다루었기에 제외합니다.)

현재 문제는 경쟁률이 지나치게 과도하고, 이로 인해 사실상의 낭인이 양산되고 있는 것입니다. 이에 경쟁률을 합리적으로 조정하고, 낭인 방지를 막는 것이 시급합니다.

이의 실천방안으로서 로스쿨처럼 대학원 과정(2년제)을 나오도록 하는 방안입니다. 이때 교육이 사다리가 될 수 있도록 현재와 같이 정원 11% 이상을 취약계층을 위해 할애합니다.

개혁의 핵심내용은 대학원의 입학시험성적을 대학교의 성적으로 대체하는 것입니다. 선발방법은 '대입제도의 개혁방안'같게 하는 것입니다.

이는 경쟁과 상생의 조화를 위해서입니다. 그래서 경쟁의 이점을 살리기 위해 능력(급수)을 중시하고, 상생의 장점을 살리기 위해 모든 대학에서 골고루 뽑아 균형발전을 도모합니다.

대학원의 선발인원은 신축성 있게 선발합니다. 그래서 임용되는 사람이 졸업생의 95% 정도가 되도록 합니다. 현재 의사 자격시험의 합격비율이 90~95% 정도입니다.

다만, 해당 대학원 제도를 도입 시행하기 전에 두 직급을 하나로 합치는 것입니다. 왜냐하면 국민 입장에서 보면 공무원시험을 5급 및 7급으로 구분한 의미를 찾기가 힘들기 때문입니다.

두 직급을 하나로 합치는 방법을 살펴봅니다. 5급 및 7급 중 어느 쪽으로 합치든 괜찮으나 두 직급의 중간 급수인 6급으로 조정하는 것을 권합니다.

이 역시 우회로를 설치합니다. 그래서 선발인원의 3/4 이상을 대학성적으로 뽑게 하고, 각 기관별로 제반 사정을 고려하여 1/4 안에서 임의로 뽑게 합니다. (이는 우회로입니다.)

이와 같이 실행하면 많은 효과가 기대됩니다. 대학교육의 활성화, 사교육비의 감소, 노후불안의 해소, 지역균형발전, 사회적 낙인 방지 등에 기여합니다.

지금까지 교육불안에 대해 살펴보았습니다.

교육은 개인적인 측면, 사회적인 측면, 상생측면에서 매우 중요한 역할을 합니다. 그런데 근래 교육이 사회변화에 뒤져, 교육불안으로 육아환경이 악화되어, 삶의 질과 출산율이 저하되는 심각한 상황입니다.

이에 감히 저자는 교육제도의 개혁과 관련하여 생존차원에서 몇 가지 대안을 말씀을 드렸습니다. 이제 저자의 방안보다 더 좋은 대안이 많이 나와, 많은 가정이 좋은 교육여건 속에서 자녀들과 행복한 삶을 영위하기를 진심으로 기원합니다.

03
주위환경의 개선방안
(노후 및 지역불안의 해소)

● 주위환경은 간접적 출산요건입니다

한국에서는 간접적인 출산요건인 주위환경이 좋지 않은 경우가 많아 삶의 질과 출산율이 저하되고 있습니다. 이는 젊은이들이 주위환경에 매우 민감하기 때문입니다.

주위환경이 열악해지는 것은 자신과 관련된 이들의 노후불안 및 한국 국민의 반 정도가 거주하고 있는 지방과 관련된 지역불안 등에 의한 영향 때문입니다.

이처럼 노후 및 지역불안은 당사자가 직접 관련되지 않은 간접적인 불안이지만 직접적인 불안 못지않게 삶의 질 및 출산율의 저하에 많은 영향을 끼칩니다.

이에 노후 및 지역불안을 해소할 수 있는 방안들을 살펴봅니다.

노후불안의 해소

은퇴는 사실상 새로운 인생의 시작입니다. 그래서 은퇴 후에 노후 여건이 좋아 노인들의 노후가 안정되면 일반적으로 삶의 질과 출산율이 올라갑니다.

이에 선진 각국은 노후안정에 큰 관심을 갖고 노후여건의 향상에 최선을 다합니다. 그래서 선진국에선 은퇴는 행복한 새로운 인생의 시작을 의미합니다.

그간 한국 정부는 노후안정을 국정의 주요과제로 삼고, 노후불안을 해소하기 위해 막대한 재정을 투입하여 왔습니다. 그렇지만 정부의 기대와 달리 노후불안은 여전히 심각한 상태입니다.

이처럼 한국에선 심각한 노후불안으로 주위환경 등이 악화되어 삶의 질과 출산율이 저하되고 있습니다. 따라서 노후불안의 해소가 매우 시급한 상황입니다.

즉, 노후불안을 조속히 해소할 수 있는 조치(방안)가 필요합니다. 이를 위해 먼저 노후불안의 원인 및 현재 노후불안의 해소를 위해 노력하는 실태 등을 살펴봅니다.

○ 노후불안의 원인

노후불안은 매우 무서운 불안입니다. 이에 노후준비자금을 제대로 마련하지 못하고 은퇴하는 경우, 장수가 개인은 물론 사회적으로도 축복이 아닌 고통이 될 수 있습니다.

이에 노후불안에 대해 개인, 사회(기업), 정부가 지혜를 모아 대응해야 합니다. 그래야 수명 100세가 축복이 될 수 있습니다.

그래서 노후불안의 해소방안을 조속히 만들어야합니다. 따라서 노후불안의 원인 규명이 시급합니다. 이에 이를 살펴봅니다.

노후불안은 노령이 되면 일반적으로 직면하게 되는 빈곤, 질병, 고독 등 3고입니다. 따라서 3고가 노후불안의 가장 대표적인 원인이라고 할 수 있습니다.

빈곤은 노후불안의 경제 측면의 원인입니다. 질병은 노후불안의 건강 측면의 원인입니다. 고독은 노후불안의 생활 측면의 원인입니다. 이를 구체적으로 살펴봅니다.

먼저, 빈곤은 노후준비자금을 제대로 마련하지 못하고 은퇴하는 노인의 경우에 생깁니다. 한국에는 이러한 노인들이 적지 않습니다.

왜냐하면 자녀에게 소득의 대부분을 쏟아 부은 뒤 은퇴하면, 은퇴자(55세 이상)의 상당수가 연금혜택을 제대로 못 받는 상태에서 소득도 별로 없어, 삶 자체가 곤란하기 때문입니다.

다음, 질병으로 고생하는 노인들이 많습니다. 그래서 예방과 더불어 질병에 대응할 수 있는 의료보험체계가 매우 중요합니다. 그런데 이에 불신하는 이들이 많습니다.

이는 직장인과 지역가입자의 보험료 산정방식이 다르기 때문입니다. 이처럼 양자 간의 건보료 부과체계의 불균형으로 지역가입자와 직장 은퇴자들의 불만이 매우 높습니다.

또한, 고독은 독거노인 증가에 따른 외로움입니다. 이에 경제

난이 더해지면 황혼자살로도 이어집니다. OECD 회원국 중 가
장 높습니다.

자살은 노인층에서 가장 심각하며 고령화와 속도를 같이하고
있습니다. 노인자살은 다른 세대에 노출되지 않았을 뿐 이미 일
상 깊숙이 침투한 상태입니다.

이와 같이 한국에서의 노후는 경제, 건강, 생활 측면에서 문
제가 많습니다. 그래서 행복수명이 기대수명보다 8년이나 짧습
니다. 이에 8년 이상을 노후불안 속에서 지내야 합니다.

이처럼 노후 관련 상황이 매우 심각해지자, 노후불안의 해소
와 관련하여 갖가지 방안(의견 포함)들이 나오고 있습니다. 이
에 대해 살펴봅니다.

○ 노후불안의 해소노력 실태

위의 방안들 중 비교적 많이 거론된다고 생각되는 방안들을
선정하여 살펴봅니다. 우선 정부의 고령화 대응 노력을 보면,
정부는 저출산ㆍ고령사회기본계획의 제1~2차를 10년간 추진
하였습니다. 다만 3차는 이제 시작 중입니다.

정부는 제1~2차(10년간) 계획의 정책목표 및 방향을 '고령사
회 삶의 질 향상 기반 구축' 등에 두고, 이를 위해 재정을 56.7
조원(1차에 15.9조원, 2차 40.8조원)을 투입하였습니다.

참고로 제3차 계획(2016~2020년)의 정책목표는 '생산적이
고 활기찬 고령사회'에 두고 재정을 89.1조원(추계)을 투입하여

노인빈곤율을 49.6%('14)에서 39%('20)로 낮추는 계획입니다.

이와 같이 한국은 10년간 56조원을 투입하였음에도 불구하고, 많은 이들이 한국의 노후여건이 경제, 건강, 생활 측면에서 아직도 매우 미흡하다는 의견입니다. 이를 살펴봅니다.

첫 번째, 경제 측면을 살펴봅니다. 노후에 가장 두려운 불안은 빈곤입니다. 이에 은퇴 후 빈곤에 직면하지 않아야 합니다. 그러므로 은퇴 후 40~50년간의 노후를 따뜻하게 보내려면 개인 및 정부가 다 함께 노력해야 합니다.

먼저, 개인 관련 사항입니다. 자녀에게 올인 하지 말아야 합니다. 자녀에게 소득의 대부분을 쏟아 부은 뒤에 부양을 기대하는 부모보다는 늙어서 자녀에게 손을 벌리지 않는 부모가 더 현명합니다.

자녀가 노후를 보장해 준다는 것은 100세 시대에는 어리석은 생각입니다. 사교육비를 절반만 줄여도 노후를 따뜻하게 보낼 수 있습니다. 자녀 혼수비용을 분수에 맞게 지출해도 노후를 보다 편하게 보낼 수 있습니다.

다음, 정부 관련 사항입니다. 50년 정도 지나면 고갈될지도 모르는 국민연금의 문제점을 대폭 개선해야 합니다. 그리고 노후 관련 모든 공적 연금은 국민연금으로 통합 일원화해야 합니다.

차제에 국민연금에 대해 살펴봅니다.

노후소득보장제도중 가장 대표적인 국민연금은 보장의 보편성, 적정성, 형평성, 효율성 등에서 많은 문제점이 있지만, 특히 보장의 형평성은 세대내(임금근로자와 자영업자간)·세대간(현 세대와 미래세대간)면에서 논란이 심한 것 같습니다. (방하남, 2011)

이에 여기에선 형평성(세대간) 및 효율성 등 일부에 국한하여 말씀드리고자 합니다. 국민연금은 기본적으로 내가 저축한 만큼 돌려받는 그런 '노후대비저축'이 아닙니다.

그러나 국민대부분은 그런 줄로 착각하고 있는 게 문제의 본질입니다. 궁극적으로 국민연금은 후세대가 낸 돈으로 현세대의 노후생활비를 대주는 부과식구조가 국민연금의 기본 골조입니다.

그래서 국민연금은 결코 세대 간 착취 논란에서 자유로울 수 없습니다. 왜냐하면 고령화 저출산으로 돈을 달라는 노인은 많아지고, 세금을 내야 할 젊은이는 적어지므로 지금 20대 직장인은 은퇴시점에서 받을 연금이 없기 때문입니다.

언론은 지금의 젊은이들이 이 사실을 알게 되면 일본처럼 연금납부 거부사태를 빚을 수도 있다고 우려하고, 국민연금을 이대로 두는 것은 미래세대에 대한 현세대의 직무유기요, 착취라고 지적하였습니다.

이보다 더 심각한 것은 공무원연금, 사학연금, 군인연금 등입니다. 생존차원에서 모든 공적연금을 일원화하고, 합리적 수준으로 개혁해야 합니다. 그러나 연금간의 특성을 이유로 개혁을 거부할 것입니다.

따라서 생존차원에서 특단의 조치가 절대 필요합니다. 왜냐하면 공적연금을 이대로 두면 미래의 국가 재정이 거덜 나, 우리의 후손들에게 아주 큰 죄를 짓는 것이기 때문입니다.

두 번째, 건강 측면을 살펴봅니다. 노후에 가장 서글픈 것은 질병에 걸렸을 때, 고칠 돈이 충분하지 않은 경우입니다. 그러므로 형평성 차원에서 매우 불합리한 건보료의 부과체계를 조속히 개선해야합니다.
다시 말해 직장, 지역 가입자 모두에게 공평하게 소득에 기반을 두고 건보료를 부과하여 건보료의 형평성 논란을 매듭짓고, 지역가입자 및 직장 은퇴자들의 불만을 해소시켜야합니다.

차제에 건강보험에 대해 살펴봅니다.
국민건강보험공단은 2011년 6월말 현재 한국의 건강보험 적용인구 4913만명 중 65세 이상 노인이 506만 2천여명으로 전체의 10.3%라고 발표했습니다.
이와 같이 건강보험 대상자가운데 노인비중이 10% 넘어서면 보험재정 부담이 본격적으로 커집니다. 이에 대해 전문가들은 깊은 우려를 표명하였습니다. 이를 살펴봅니다.
'2011 건강보험 주요통계'에 의해 지난해 노인이 쓴 진료비는 건보재정의 33.3%를 썼습니다. 1인당 진료비는 약24만 7천원으로서, 2002년 약9만 4천원에 비해, 10년 새 2.6배로 늘어난 셈입니다.

반면 2010년을 기준으로 65세이상 노인이 보험료를 매달 지불한 사람은 38%에 불과했습니다. 절반이상이 보험료를 내지 않고 병원과 약국을 이용한 것입니다.

노인진료비 증가속도는 다른 연령대를 압도하고 있습니다. 전체 가입자의 진료비는 2004년에 비해 2배정도 늘었지만, 75-84세는 3배, 85세 이상은 4배 이상 증가하였습니다.

이에 관련기관은 2040년에 노인진료비 비중이 전체 진료비의 절반을 넘어설 것이라고 전망합니다. 이의 해결 대안은 건강보험료를 지속적으로 늘려나가는 것인데, 이는 현실적으로 불가능하다는 것입니다.

왜냐하면 노인진료비의 증가를 건보료로 메워나가려면 2050년에는 소득액의 3분의 1가량을 건보료로 내야 하기 때문입니다. 이에 특단의 조치가 요망됩니다.

세 번째, 노후생활 측면을 살펴봅니다. 한국 정부는 노후안정을 국정의 주요과제로 삼고, 노후불안의 해소를 위해 지난 10년간 제1, 2차의 저출산·고령사회기본계획을 추진하여 약 56조원의 재정을 투자하였습니다.

이와 같이 노후안정에 대해 정부의 재정을 파격적으로 투자하였음에도 불구하고, 정부의 정책의도와는 달리 한국 노인들의 삶은 더욱 힘들어지고 있는 것 같습니다.

왜냐하면 노후에 가장 참기 힘든 것은 고독인데, 독거노인 가구 수의 증가로 고독감에 빠지는 노인들이 늘어나고, 이는 황혼자살의 증가로 이어지고 있기 때문입니다. 이에 특단의 조치가 필요합니다.

지금까지 위에서 노후불안과 관련하여 살펴본 의견들은 모두 진지한 방안들이지만, 노후의 경제, 건강, 생활 측면 등에서 살펴보면 모두 특단의 조치가 필요했습니다.

왜냐하면 노후의 경제, 건강, 생활 측면 등을 이대로 두면, 미래의 국가 재정이 감당할 수 없기 때문입니다. 이에 특단의 조치가 불가피하다고 여겨집니다. 이를 살펴봅니다.

○ 생존차원에 의한 **노후불안의 해소방안**

앞에서 살펴본 바와 같이, 노후불안의 조속한 해소를 위해선 특단의 조치가 불가피하여, 생존차원에서 노후불안의 해소방안을 살펴봅니다.

이에 우선, 예로 저자의 아이디어를 소개합니다.

저자가 제안하는 의견은 은퇴한 노인이면 누구나 마음 놓고 거주할 수 있는 노인공경특별공동주택(또는 단지)을 시군구마다 설치하는 방안입니다.

이 방안을 제안하는 목적은, 첫째 노후불안을 근본적으로 해소하고, 둘째 노인복지행정의 효율화로 국가 재정의 부실을 방지하기 위해서입니다.

왜냐하면 재정의 건전화를 위해, 선거 때마다 거론되는 노령연금의 인상 및 노인에 대한 무료의료보험의 확대 등 노인복지 포퓰리즘의 차단할 필요성 때문입니다.

노인공경특별 공동주택의 설치방안을 살펴봅니다.

첫째, 어떤 지역 안에 노인공동주택을 마련하여, 노인들끼리 서로 돌보면서 살아가게 합니다. 이는 외로운 노인에게 말벗과 대화 상대를 만들어 주는 것이 좋기 때문입니다.

둘째, 이 지역 안에 노인들이 일할 수 있는 기업을 유치하고, 다양한 취미 공간을 확보하여, 노인들이 선택적으로 생활할 수 있게 합니다.

예를 들어 농사를 짓기 원하는 노인들에겐 영농교육을 하고 농지를 무료 대여합니다. 왜냐하면 외로운 노인들에겐 일자리가 가장 좋은 약이기 때문입니다.

셋째, 이 지역 안에 노인전문의료시설을 설치합니다. 그래서 노인들은 무료로 치료하고, 그 치료비는 정부가 부담케 합니다. 다른 지역에선 현재수준까지만 인정케 합니다.

넷째, 이 지역 안에 많은 문화시설을 유치합니다. 정부는 가능한 많은 문화시설이 들어 올 수 있도록 세제 등 각종 혜택을 부여합니다. 그래서 노인들이 문화생활을 향유하게 합니다.

다섯째, 이 지역 안에 어린이 집이나 어린이 관련 시설 등을 들어올 경우, 실질적인 혜택을 부여하여, 많이 들어오게 합니다. 그리하여 다른 측면에서 노인들의 외로움을 달래주게 합니다.

여섯째, 노인공경특별 공동주택은 가능한 교통이 편리한 곳에 설치토록 합니다. 그리하여 이 주택은 독거노인 또는 노부부가 오붓하게 사는 곳이면서 손자손녀들이 놀러와 추억을 쌓는 곳이 되도록 해야 합니다.

노인공경특별 공동주택의 운영방안을 살펴봅니다.

첫째, 노인복지는 노인공경특별 공동주택으로 일원화하고, 방법은 의식주의 지원을 원칙으로 합니다. 다만, 현금지원은 현재 받는 금액까지만 인정합니다. (재정 충당 방안은 제6장에서 제시)

둘째, 노인공경특별 공동주택은 정부(보건복지부)가 지정하는 기관(가칭 노인공경공단)과 시군구가 협의하여 운영토록 합니다. 노인공경공단은 생존차원에서 기존의 기구들을 통폐합하여 만들면 가능합니다.

셋째, 노인공경특별 공동주택의 운영경비는 정부가 부담하는 것을 원칙으로 합니다. 다만, 입주노인부담액은 노령 또는 국민연금 수령액의 33%로 하되, 최고부담액은 국민 평균소득의 10%까지로 한정합니다. (저자가 전번 책에서 주장한 바 있는 '출산수당'을 신설하여, 그 수당으로 부담하도록 하는 방안을 다시 제안합니다.)

넷째, 노인공경특별공동주택의 입주는 다양한 방법으로 노인공경공단에 신청한 후, 노인공경공단이 제시한 전국 현황을 보고 선택하여 입주합니다.

노인공경특별 공동주택의 기대효과를 살펴봅니다.

첫째, 노후불안을 실질적으로 해소해줍니다. 왜냐하면 은퇴한 노인이면 누구든 지불 가능한 금액으로 의식주를 제공받아, 노후를 잘 보낼 수 있기 때문입니다. 이는 주변환경을 개선하여 삶의 질과 출산율의 증가로 이어집니다.

둘째, 국가 재정을 튼튼히 합니다. 왜냐하면 선거 때마다 올라가는 노령연금 인상 등 포퓰리즘의 차단, 노인에게 지출되는 의료보험의 누수 억제, 노인복지행정의 간소화로 예산의 절약 등이 가능하기 때문입니다.

셋째, 노인공경특별 공동주택을 전국에 설치하는 과정에서 일자리가 창출되고, 돈이 시중에 많이 풀리게 되어 경기를 진작시키데 도움이 됩니다.

넷째, 부모들의 노후불안 해소로 인해 그들의 자녀들은 실질소득이 증가하게 되어 소비증가를 기대할 수 있습니다. 왜냐하면 자녀들이 그들의 부모들에게 드리는 용돈을 적게 들여도 되기 때문입니다.

지금까지 노후불안에 대해 살펴보았습니다.

선진국에선 은퇴는 진정으로 행복한 제2의 인생의 시작을 의미합니다. 그런데 한국은 자녀들의 뒷바라지로 인해 노후불안으로 주위환경이 악화되어, 삶의 질과 출산율을 저하되는 심각한 상황입니다.

이에 감히 저자는 생존차원에서 '노인공경특별공동주택'의 설치방안을 말씀을 드렸습니다. 이제 저자의 방안보다 더 좋은 대안이 많이 나와, 노후안정으로 노인들께서 활기찬 삶을 영위하시기를 진심으로 기원합니다.

지역불안의 해소

지방은 국민의 절반이 거주하는 삶의 터전입니다. 그래서 지역균형발전으로 지방의 제반여건이 좋아져 지방이 안정되면, 일반적으로 삶의 질과 출산율이 올라갑니다.

이에 역대 정부들은 지역균형발전을 국정의 주요과제로 삼고, 지역안정을 위해 엄청나게 노력해 왔습니다. 그렇지만 정부가 기대한 만큼 효과가 나타나지 않아, 지역불안이 여전히 심각한 상태입니다.

그래서 한국은 심각한 지역불안으로 주위환경 등이 악화되어 삶의 질과 출산율이 저하되고 있습니다. 이에 지역불안의 해소가 매우 시급한 상황입니다.

즉, 지역불안을 조속히 해소할 수 있는 조치(방안)가 필요합니다. 이를 위해 먼저 지역불안의 원인 및 현재 지역불안의 해소를 위해 노력하는 실태 등을 살펴봅니다.

○ 지역불안의 원인

한국은 극심한 지역불균형현상으로, 지방(소도시 포함)은 대도시에 비해 제반여건이 매우 열악합니다. 그 중에서도 취업 및 교육분야의 여건이 대도시에 비해 격차가 심합니다.

그래서 지방에 거주하는 사람들은 취업 및 교육과 관련하여 불안을 느낄 때가 허다합니다. 이에 지방의 열악한 취업 및 교육여건 등이 한국 지역불안의 가장 큰 원인이라고 할 수 있습니다.

먼저, 취업여건을 살펴봅니다. 최근 5년간 늘어난 일자리 중 수도권 밖에서 늘어난 일자리는 겨우 8%에 불과합니다. 이처럼 지방은 취업여건이 매우 어려운 상황입니다.

다음, 교육여건을 살펴봅니다. 지방에선 저출산으로 인해 초, 중, 고등학교가 매년 여러 개씩 사라집니다. 심지어 지역사회를 선도하는 대학마저 구조조정을 피하고자, 수도권으로 이전을 택하는 상황입니다.

저는 얼마 전 까지 인구가 계속 감소하는 지방에서 7년간 지내면서 위의 상황을 실제로 체감한 바 있습니다.

저자가 거주하였든 지역에선, 사람들이 일자리를 찾아 수시로 그 지역을 떠나고, 매년 초·중·고교가 수개씩 사라져, 학년 초엔 대도시로 떠나는 학생들과 학부모들이 적지 않았습니다.

이처럼 지방은 수도권보다 취업과 교육분야 등의 여건이 훨씬 열악합니다. 이에 대도시보다 지방 거주자는 취업과 교육불안이 더 심합니다. 이는 삶의 질과 출산율의 저하로 이어집니다.

이와 같이 지역 관련 상황이 매우 심각해지자 지역불안의 해소와 관련하여 여러 조치(방안과 의견포함)들을 취해 왔습니다.

○ 지역불안의 해소노력 실태

위처럼 지역불안의 해소를 위해 취업 및 교육 여건의 향상에 많은 노력(조치)을 해왔습니다.

먼저, 취업여건을 살펴봅니다. 그간 정부는 지역균형발전차 원에서 지방이전기업에게 여러 가지 방법으로 각종 혜택을 부여해 왔습니다. 그러나 결과는 수도권집중화현상에 의해, 지방 기업의 감소로 취업여건이 더 악화되었습니다.

다음, 교육여건을 살펴봅니다. 지역균형발전을 위해 지난 정부도, 현 정부도 엄청나게 노력해 왔습니다. 그러나 교육여건은 더 악화되었습니다. 왜냐하면 저출산으로 해마다 유, 초, 중, 고 및 대학교의 학생 수가 감소하였기 때문입니다.

이와 같이 수도권 집중화현상과 저출산현상으로 취업 및 교육여건이 더 악화되어 지역불안이 더 심화되고 있습니다. 이는 매우 심각한 문제입니다.

그러나 이는 보통의 방법으로서는 어찌할 수 있는 문제가 아닙니다. 이에 지역불안의 조속한 해소를 위해선 특단의 조치가 불가피하다고 여겨집니다.

○ 생존차원에 의한 지역불안의 해소방안

지역불안의 조속한 해소를 위해선 특단의 조치가 불가피하여, 생존차원에서 지역불안의 해소방안을 살펴봅니다.

특히, 지방은 국민의 절반이 거주하는 삶의 터전입니다. 그래서 많은 이들이 지역균형발전으로 지방도 함께 잘 사는 나라가 돼야 미래가 있다고 했습니다. 이에 더욱 관심을 갖고, 지역불안의 해소방안을 찾아봅니다.

그럼, 예로 우선 저자의 아이디어을 소개합니다.

첫 번째, 지방의 취업여건 향상방안을 살펴봅니다. 지방으로 많은 기업을 유치, 육성해야 일자리가 크게 창출되어 취업여건이 향상됩니다. (여기에는 사기업만 포함합니다.)

먼저, 지방기업의 제품생산과 관련한 일체의 운송비를 정부가 부담하는 것입니다. (다만, 동일 행정구역인 시군 내의 운송비는 제외합니다.) 이는 가격경쟁력을 높일 것입니다.

다음, 정부가 지방기업을 통해 지원하던 혜택 외에 추가로 지방기업의 종업원들에게 직접 지원하여, 정부 혜택의 실효성을 높이는 것입니다.

예를 들면, 지방소재 기업에 재직기간에 한하여, 종업원들이 납부하는 국민연금 및 의료보험 등의 보험료 일부(본인납부금의 50% 정도)를 정부가 부담하는 것입니다.

이는 종업원의 노후안정을 높여주는 의미가 큽니다. 그래서 지방기업의 종업원을 구하는 애로를 크게 줄여줄 것입니다. 이 외에도 좋은 방안이 있으면 계속 추가하면 됩니다.

이로 인해 기대되는 다양한 효과를 살펴봅니다. 우선, 지방소재 기업들이 육성됩니다. 다음, 지역의 일자리가 늘어납니다. 또한, 인구, 소비, 세금 등이 늘어나, 지역이 잘살게 됩니다.

이와 같이 지역이 잘살게 되면, 지역안정에 기여하게 되어 지역불균형의 완화로 이어집니다. 이는 지역에 별도로 지원하는 재정지원을 줄일 수 있게 되어 국가재정에도 도움이 됩니다.

두 번째, 지방의 교육여건 향상방안을 살펴봅니다. 생존차원에서 대입시험을 고등학교의 성적으로 대치케 하고, 공무원 및 공기업 등의 출발 직급의 시험도 고교 성적으로 대치케 합니다.

이 방안은 앞에서 살펴본 '대입제도' 또는 '취업실적' 관련 개혁방안과 같은 방안입니다. 이는 생존차원에서 재차 강조하는 것입니다. 이 방안이 실행되면 기대되는 효과는 다양합니다.

먼저, 공교육이 정상화됩니다. 그러면, 사교육이 대폭 완화되어 사교육비가 크게 감소합니다.

다음, 교육이 지방과 도시에서 공평하게 합리적으로 운영되면, 사회의 양극화 및 불평등, 고비용 및 저효율 등이 완화됩니다. 이는 상대적으로 지방의 교육여건을 향상시킵니다.

또한, 위처럼 지방의 교육여건의 향상 되면 지역안정에 기여하게 되어 지역불균형의 완화로 이어집니다. 이는 국가 전체의 발전을 위해서도 중요합니다.

세 번째, 지역균형발전과 관련한 규제를 재검토합니다. 지금까지 한국은 지역균형발전과 관련하여 수도권에 공장의 신설이나 증설을 규제해 왔습니다. 이는 수도권의 기업들이 지방으로 이전하기를 기대하고 시행한 것입니다.

　다시 말해 지역균형발전을 이루어 지방도 함께 잘사는 나라를 만들고자, 수도권 규제를 강력하게 추진해 왔습니다.

　그런데 기대와 달리 기업들이 지방보다 해외로 더 많이 이전했습니다. 이는 많은 일자리가 해외로 유출되었다는 것을 의미합니다. 이는 국가 전체적으로 볼 때 매우 심각한 일입니다.

　이제 수도권 규제에 대한 개선은 불가피해 보입니다. 이에 이의 개선 시에 두 측면에서 살펴볼 것을 제의합니다. 한 측면은 지방과의 관계이고, 다른 측면은 해외와의 관계입니다.

　먼저, 무조건 현행의 규제를 해제하면, 많은 지방기업들이 수도권으로 이전할 것으로 보입니다. 그러므로 사전에 지방기업에 대한 파격적인 지원이 선행되어야 할 것입니다.

　다음, 이번 기회에 이전한 기업들이 다시 돌아올 수 있도록, 귀환을 희망하는 기업들이 원하는 사항을 가능한 많이 포함하여 조치하는 것입니다.

　위처럼 규제보다 지원하는 방법이 국가전체의 발전은 물론 지방과 대도시 양측에 모두에게 유리합니다. 이제 지역균형발전과 관련한 다른 규제도 지원방향으로 재검토해야 합니다.

　차제에 정부의 대학구조조정정책을 살펴봅니다.

　대학교육 분야는 21세기 지식기반사회를 선도하고 있는 핵심 산업이라고 할 수 있습니다. 대학교육 분야를 산업이라고 볼 때 학령인구(고3생)를 수요, 대학정원을 공급에 비유할 수 있습니다.

한국의 대학교육 분야는 그동안 수요와 공급에 의해 자율적으로 균형과 질서가 유지되어 왔습니다. 소위 아담 스미스가 말한 '보이지 않은 손'에 의해 유기적으로 조정되어 왔습니다.

특히 학부모들의 자녀에 대한 헌신적인 교육열에 의해 초과수요가 계속 증가하여 왔고, 대학도 이에 상응하여 크게 성장하여 왔습니다. 그래서 한때 대학진학률이 84%까지 달했으며, 직장에 다니면서 대학에 진학하는 경우까지 포함하면 95%가 넘어서기까지 하였습니다.

이러한 대학교육의 뒷받침에 의해 한국경제가 눈부시게 발전할 수 있었습니다. 그 동안 대학교육의 공급은 정부의 재정이 여의치 않아 주로 민간에 의해 이루어졌습니다.

정확히 말하자면, 한국의 경제발전은 사립대학에 힘입은 바가 매우 크다고 할 수 있습니다. 그러나 한국의 사립대학들은 저출산으로 학령인구가 계속 감소하고 있기 때문에 어려운 상황을 맞고 있습니다.

다시 말해 지금까지는 수요가 공급보다 많아 공급이 시장을 주도해 왔지만, 앞으로는 수요의 일방적인 감소로 한국의 많은 사립대학들은 어려움에 처할 것으로 보입니다.

특히 수도권 집중화현상으로 지방소재 사립대학들은 더 앞당겨 어려움에 직면할 것으로 전문가들은 예측하고 있습니다.

이러한 상황에서 정부는 오류가 많이 내포된 대학구조조정정책을 추진하여 지방소재 대학들을 매우 힘들게 하고 있습니다.

독자 여러분의 이해를 돕기 위해 전번 책 '생존수요'에서 살펴본 대학구조조정정책의 오류를 다시 소개합니다. (이는 지방 주민 및 지방사립대학의 입장에서 바라본 것입니다.)

〈첫 번째 오류〉

학령인구(고3년생 수)를 수요라면, 공급은 대학입학정원(신입생 수)입니다. 그런데 정부는 공급을 대학 수로 정했습니다. 이는 논리적으로 너무 맞지 않습니다. 왜냐하면 대학은 규모에 따라 대학입학정원이 천차만별이기 때문입니다.

그럼에도 불구하고 정부가 학령인구의 감소추세에 대비하기 위해 대학수를 줄이기로 한 논리에는 한국의 대학 수가 지나치게 많다는 인식이 자리 잡고 있기 때문입니다.

이러한 정부의 인식 또한 크게 잘못된 것입니다. 왜냐하면 인구대비로 볼 때 한국의 대학 수는 미국과 일본보다 적기 때문입니다. 인구 1만명당 기준으로 할 때 한국의 대학 수는 미국의 절반이 안 되고 일본보다 적습니다.

이와 같이 공급을 대학입학정원으로 하지 않고, 대학 수로 정한 것은 논리적으로도 맞지 않고, 인식도 잘못되었다고 하겠습니다.

〈두 번째 오류〉

수요인 대학진학자 수가 줄어들면 공급인 입학정원을 줄이는 것은 너무나 당연한데 정부는 이와 다르게 추진하고 있습니다.

예를 들면 정부는 저소득층, 다문화가정자녀 등 사회적 배려 대상자를 위한다는 명분으로 정원 외로 일정비율(11%)을 더 뽑게 하고 있습니다.

이로 인해 매년 정원 외로 뽑을 수 있는 학생 수는 전문대학까지 합치면 64,000명이나 됩니다. 이는 입학정원이 1천명인 대학을 기준으로 할 때 64개 대학의 입학정원에 해당하는 것입니다.

이처럼 입학정원을 줄여야 하는데 정부는 사실상 입학정원을 늘려왔습니다. 이는 정책방향이 거꾸로 되었다고 할 수 있겠습니다.

또, 시장의 실패를 유도 · 방관하였다고 할 수 있습니다. 왜냐하면 시장이 실패한 상태에서는 자원이 효율적으로 배분되지 않아 '부익부, 빈익빈'현상이 나타나는데, 정부는 사회적 배려 대상자를 위한다는 명분으로 정원 외로 일정비율을 더 뽑게 허용하였기 때문입니다.

이와 같이 정부가 정원 외로 더 뽑게 하자, 수도권 대학은 정원이 사실 상 더 늘게 되고, 지방대학은 지금도 미달되는데 더욱 미달되게 한 결과를 초래하였습니다. 왜냐하면 대입상황이 수도권과 지방대학이 제로섬게임의 룰과 같은 상태에 있기 때문입니다.

예로, 2011년 편제정원대비 재학생충원율을 살펴봅니다. 수도권대학의 충원율을 보면 성균관대 139.4%, 경희대 135.9%, 연세대 134.5%입니다. 반면, 지방대학의 충원율은 영선선학대

19.5%, 선교청대 36.8%, 건동대 40.6%입니다.

이처럼 정부는 대학정원을 줄여야 한다고 하면서 실제로는 계속 정원을 늘려온 셈입니다. 사회적 배려대상자를 정원 내에서 배려했어야 했습니다. 이는 정부의 실패이며 오류입니다.

〈세 번째 오류〉

학령인구가 감소하니까 정원이 미달되는 대학(주로 지방대학)들을 퇴출시키는 것은 부분적으로 다소 이익이 될지 모르겠습니다. 하지만, 지방대학이 퇴출되면 그 지방도시는 큰 타격을 받게 되어 국가 전체적으로 볼 때는 분명히 이익이 되지 않습니다.

따라서 지역균형발전 차원에서 볼 때 분명 문제가 크다고 봅니다. 이와 관련한 사설 하나를 소개하고자 합니다.

"정부의 대학 관련 주요정책은 국가의 미래는 물론 지역의 현실과 미래에 대한 성찰이 반드시 전제돼야 합니다. 교육이 국가의 백년대계를 결정하는 중대사이듯 지방대학은 그 지역사회의 흥망을 결정하는 요소라 해도 과언이 아닙니다.

그런데 안타깝게도 정부의 대학구조조정정책은 바로 이 같이 중요한 전제조건을 고려하지 못하고 있습니다. 특히 이번 정부의 방침이 대학이 지닌 매우 복합적인 파급력과 상징성을 도외시한 일반적인 결정이라는데 근본적인 문제가 있습니다.

이 정책으로 지방대학이 부실대학으로 비춰질 경우 대학의 지역거점기능은 급속히 약화되고 맙니다. 이렇게 되면 지방균형발전정책도 추동력을 잃습니다. 따라서 지방의 붕괴가 우려되는 이번 대학구조조정정책은 반드시 수정, 보완돼야 합니다."

〈네 번째 오류〉

현재 정부는 대학구조조정정책을 통해 들어난 결과에 대해 옥석을 가리지 않고 법인의 잘못까지 무차별적으로 대학에 대해 문책하고 있습니다.

이로 인해 몇 개 대학은 폐교까지 당해 선량한 구성원(학생, 교수, 직원)은 울분을 느끼고 항의하고 있습니다. 특히 지역주민은 대학의 폐교로 엄청난 상실감에 빠져 있습니다. 따라서 무차별적인 처분은 지양해야 합니다.

〈다섯 번째 오류〉

정부는 사실상 실현 불가능한 정책을 추진하고 있습니다. 수요(학령인구)가 일방적으로 끝없이 감소하고 있는데, 공급(대학정원)감소로 이에 맞선다는 것은 실현가능성이 없는 무모한 정책입니다.

왜냐하면 태양을 등 뒤에 두고 자기그림자 따라잡기 게임과 같은 정책이기 때문입니다. 따라서 현재 추진 중인 대학구조조정정책은 즉각 중단해야 합니다.

지금까지 살펴본 바와 같이 현재 추진 중인 대학구조조정정책은 많은 오류가 있습니다. 따라서 즉각 수정·보완해야 합니다. 요컨대 단기, 장기적인 정책을 병행 추진해야 합니다.

"단기적으로 대학설립과 증원을 불허하고, 사회적 배려대상자를 정원 내로 배려해야 한다. 또, 일시적이나마 대학 수 대신 대학입학정원을 줄여야 한다"는 것이 전문가들의 의견입니다.

예를 들면 "현재 신입생 정원 기준으로 앞으로 10년간 매년 3%씩 전국의 모든 대학들의 정원을 일률적으로 감축한다. 그러면 10년 후엔 현정원보다 30% 감축된다. 그러면 당분간 구조조정문제는 해결된다."는 것이 전문가들의 결론적인 주장입니다.

장기적으로 지역균형발전 차원에서 대학(지방사립대학)의 50% 이상을 국립화하는 한편 궁극적으로 출생아 수를 적정수준으로 제고시켜야 합니다.

이로 인해 지방대학이 육성되면 교육 불균형을 완화시킬 뿐만 아니라, 지방대학의 학생 충원으로 지방에서 출생아 수가 늘어나 지역균형발전에도 크게 기여할 것으로 전망됩니다.

지금까지 지역불안에 대해 살펴보았습니다.

지방은 국민의 절반이 거주하는 삶의 터전입니다. 그런데 한국은 지역불균형으로 지역불안을 야기하여, 주위환경이 악화되고 삶의 질과 출산율이 저하되는 심각한 상황입니다.

이에 감히 저자는 생존차원에서 지역불안을 해소하고자 지방의 취업 및 교육여건의 향상 방안을 말씀을 드렸습니다. 이제 저자의 방안보다 더 좋은 대안이 많이 나와 중앙과 지방이 고루 잘사는 나라가 되어 국민 모두가 행복하기를 진심으로 기원합니다.

제3장

적정출산을 위한 뒷받침

저출산은 구성원 모두의 책임입니다. 그런데 한국 사회는 저출산의 책임을 일부 젊은이들의 세대 탓으로 돌리고 있습니다.

출산자체는 개인영역이지만 결혼환경, 육아환경, 주변환경 등 중요한 출산요건을 악화시키는 6개 불안은 사회의 제반여건과 연관된 공적영역입니다. 따라서 기업과 국가는 책임감을 갖고 각기 영역에서 출산요건과 관련된 사회 제반여건 향상을 위해 최선을 다해야 저출산을 개선할 수 있습니다.

먼저 기업의 경우, 가족친화경영으로 직원들의 출산율을 2명 가까이 올린 훌륭한 기업들이 있습니다. 이에 제1절에선 이들 기업들을 중심으로 살펴봅니다.

다음 국가의 경우, 정부권력 못지않게 의회권력이 강하므로 정부와 국회를 분리하여 제2절에서 정부의 뒷받침, 제3절에서 의회의 뒷받침을 살펴보면서 이 책을 마무리합니다.

01
기업의 실질적 뒷받침

● 출산율과 생산성이 함께 올라갑니다

아이를 낳고 안 낳고는 개인이 결정할 일입니다. 그러나 좋은 출산분위기를 조성하는 일은 국가와 사회의 몫입니다. 이때 기업의 적극적인 참여는 의의가 매우 큽니다.

왜냐하면, 직원의 입장에서 가장 염려되었던 것이 직장의 눈치였기 때문입니다. 그래서 기업이 출산장려에 호응하는 경우, 생산성과 함께 그 직장 종사자들의 출산율이 크게 올라갑니다.

따라서 저출산을 개선하기 위해선 기업의 가족친화경영은 매우 중요합니다.

이에 출산장려와 관련하여 기업의 가족친화경영의 사례를 살펴봅니다.

가족친화 경영

일과 가정 양립의 가족친화경영은 임신, 출산, 보육 등의 육아환경을 제고시켜 생산성과 더불어 사내 종사자들의 출산율을 크게 높여줍니다.

이와 관련하여 본받을 만한 기업들이 있기에 소개합니다. 이에 앞에서 간략하게 소개한 바 있는 유한킴벌리부터 살펴보고, 이어서 인천국제공항공사를 살펴봅니다. (지난번 책에서도 소개한 바 있는 기업들입니다.)

○ 유한킴벌리

유한킴벌리는 2010년 사내 여직원의 합계출산율을 조사한 결과 1.84명으로 나타났습니다. 당시 국내평균보다 0.62명이나 많은 수치입니다. 이는 일과 가정 양립의 가족친화경영을 실천한 결과입니다.

이 같은 출산율은 한국의 역대 출산율 중 1984년(1.74명)을 웃도는 수준입니다. 또한 OECD 34개국의 평균인 1.74명(2009년)을 뛰어넘은 수준이기도 합니다.

유한킴벌리의 출산율이 처음부터 높았던 것은 아닙니다. 2005년에는 1.0명으로 국내 평균(1.08명)을 밑돌았으나 가족친화경영을 본격화한 2006년부터 1.27명으로 국내평균(1.12명)을 앞지르기 시작했습니다.

이는 가족친화경영에 의한 일과 삶의 조화를 권장하는 기업문화가 뒷받침됐기 때문이라고 유한킴벌리는 설명했습니다.

예로 2007년부터는 임산부간담회를 마련해 임신과 출산을 축하하고, 사내보육시설인 '푸른숲 어린이집'을 열고, 일찍부터 4조 2교대 근무, 시차출퇴근, 현장출퇴근제, 평생학습제 등과 같은 가족친화경영을 해왔다고 했습니다.

또한 가족친화경영을 위한 노력이 확대되면서 여직원의 유아휴직 사용률도 상승해 2005년 4.8%에서 2010년 69.0%까지 높아졌다고 했습니다. 이러한 노력으로 유한킴벌리는 일과 삶의 조화를 권장하는 기업문화를 조성했다고 했습니다.

이와 같이 유한킴벌리는 가족친화경영으로 일과 삶의 조화를 권장하는 기업문화를 조성하여 생산성과 출산율의 향상을 동시에 일궈낸 것으로 평가받고 있습니다.

○ 인천국제공항공사

이 회사는 보건복지부가 주최한 '2010 아이 낳기 좋은 세상운동 경진대회'에서 '가족친화경영'으로 대상을 탔습니다. 사내 평균출산율은 1.77명으로 직원 70%이상이 두 자녀 이상을 두었습니다.

특히 눈에 띄는 부분은 육아와 여성지원제도입니다. 공사는 아빠 육아휴직제도를 도입해 1년간 아빠도 육아에 전담할 수 있도록 하고, 기본급의 30%를 지급합니다.

현재 육아휴직자의 30%는 아빠 육아휴직자입니다. 자녀 등 가족이 병에 걸리면 가족돌봄 휴직제도에 따라 1년간 휴직할 수 있고, 출산장려금도 자녀 수에 따라 차등 지급합니다.

사업장과 청사에 수유실이 있고, 영유아보육비는 정부 기준 보육단가의 70%까지 지원합니다. 직원이 아이를 낳아 육아휴직에 들어가도 업무 공백이 없도록 하고 있습니다.

전체 기업들이 상기 회사들처럼 가족친화경영을 한다면 가정과 직장의 양립 문제가 해소되어, 보육(임신, 출산포함) 등의 육아환경이 향상되어 출산율이 크게 제고될 것으로 보입니다.

따라서 정부는 모든 기업들이 가족친화경영을 하도록 관련 제도를 조속히 개선해야 합니다.

모범기업 지원

오늘날에 와선 대가족제도의 해체로 보육(임신, 출산포함) 등의 육아로 인한 불안은 취업엄마들뿐만 아니라 전업엄마들까지 겪지 않으면 안 되는 불안이 되었습니다.

이러한 불안은 배우자에게 전이되어 정도의 차이는 있을지언정 남편들도 피해갈 수 없는 불안이 되었습니다. 이에 대해 예를 들어 살펴봅니다.

먼저, 취업엄마의 경우입니다.

자아성취 측면도 있지만 가정에 경제적으로 도움이 되어 결혼 후에도 직장에 다닙니다. 그러나 임신을 하면 직장에 눈치보

일까봐, 망설임 끝에 늦게 임신을 합니다. 예상대로 회사에서 눈치를 주자 이를 배우자에게 하소연하게 됩니다.

이들 부부들은 매일 직장을 더 다니느냐, 마느냐를 놓고 걱정을 하게 됩니다. 직장을 그만두면 자아성취 측면은 물론 경제적으로도 타격이 되기 때문입니다.

이들 부부입장에서 볼 때 너무 억울합니다. 죄를 지은 것도 아닌데 가장 가까운 회사에서부터 눈치를 받는다는 것이 도저히 이해가 안 됩니다. 교묘하게 눈치를 주기 때문에 고소하기도 애매합니다.

특히 출산을 대대적으로 홍보하는 정부가 원망스럽습니다. 이런 경우에 정부가 아무 도움이 안 되기 때문입니다. 이들은 말뿐인 홍보보다 실질적인 도움을 원합니다.

다음, 전업엄마의 경우입니다.

오늘날에 와선 사회구조변화로 결혼을 하게 되면 대개 분가하여 부부 중심으로 살게 됩니다. 이때 아이를 낳게 되면 남편은 전업주부인 아내와 어린아이만 남겨 두고 출근하게 됩니다.

아이를 키우다 보면 하루에도 몇 번씩 어려운 고비를 넘기게 마련입니다. 이는 처음 아이를 키우는 새댁의 입장에서 여간 엄청난 일이 아닐 수 없습니다. 그래서 이를 남편이 퇴근하게 되면 일일이 말하게 됩니다. 이에 남편도 불안해집니다.

그래서 출근해서도 아이가 염려되어 일에 손에 잡히지 않을 경우가 있습니다. 이때 이런 사정을 모르는 상사들은 주의를 주게 됩니다. 이 경우 육아휴직을 쓰고 싶습니다.

그렇지만 일부 안정적인 직장을 제외하곤 보통 직장의 경우에는 육아휴직은 그림의 떡입니다. 직장의 상사들 중에 육아휴직을 쓴 사람도 없고 이를 이해하려는 사람도 없기 때문입니다.

전업엄마의 남편은 "출산과 관련한 사회적 편견을 없애야 한다."고 홍보하는 정부가 원망스럽습니다. 이들은 사회적 편견보다 회사의 편견부터 없애주기를 원합니다.

위와 같이 직장에 다니는 많은 젊은이들은 보육(임신, 출산포함)등의 육아와 관련하여 회사의 눈치 때문에 엄청난 스트레스를 받습니다.

이와 같은 상황에서 기업들이 가족친화경영을 한다면, 직장에서 근무하는 많은 젊은이들의 보육(임신, 출산포함)불안 등을 해소시켜줌으로써 근무의욕이 고취되어, 생산성과 출산율이 동시에 올라가게 됩니다. 이는 당연한 것입니다.

따라서 기업들의 가족친화경영이 매우 중요합니다.

이에 정부는 모든 기업들로 하여금 가족친화경영을 하도록 하게 해야 합니다. 그래서 회사에 다니는 모든 부부들이 편하게 적정출산을 할 수 있게끔 해줘야 합니다.

이를 생존차원에서 추진해야 합니다. 그래서 정부는 상벌을 분명히 하여 실효성을 높여야 합니다. 필요하다면 상벌제도를 강화해야 합니다.

다시 말해, 정부는 기업들을 상대로 '가족친화경영 및 사내 합계출산율' 등을 심사하여 우수한 기업들에겐 세제 혜택을 주고, 불량한 기업들에겐 불이익을 주어야 합니다.

처음에 가족친화경영에 대해 부정적이던 기업들도 일단 가족친화경영을 시작하게 되면 곧 만족하게 됩니다.

왜냐하면 가족친화경영은 직원들의 보육(임신, 출산포함) 등의 육아로 인한 불안을 크게 줄여 줌으로서 근무의욕이 고취되어, 생산성과 사내 합계출산율이 동시에 제고되기 때문입니다.

자영업의 경우, 인근에 기업이 운영하는 보육시설을 이용할 있도록 해야 합니다. 이를 위해 필요하다면 관련 법규를 개정해야 합니다. (이때 들어가는 비용은 현재 정부가 부담하는 재정 수준을 크게 벗어나지 않을 것으로 보입니다.)

결론적으로 모든 기업들이 가족친화경영을 하게 되면 '가정과 직장의 양립'이 가능하여 보육(임신, 출산포함) 등의 육아불안으로부터 벗어날 수 있어, 삶의 질과 출산율이 향상됩니다.

02
정부의 안정적 뒤받침

● 장기간 안정적 뒷받침이 필요합니다

현재 한국의 합계출산율은 세계최저 수준입니다. 이는 대재앙을 예고하는 것입니다. 따라서 출산율을 적정수준으로 빨리 높여야 합니다. 그러나 인구구조의 변화는 마음대로 되지 않습니다.

이에 출산율을 낮출 때의 경험에서 교훈을 찾아야 합니다. 당시 정부는 애국심 못지않게, 아이를 적게 낳음으로서 개인이 얻는 이익 측면을 젊은이들에게 집중적으로 홍보하였습니다.

지금도 출산율을 낮출 때와 마찬가지로 애국심 못지않게, 적정출산을 함으로서 개인이 얻는 이익측면을 제시하여, 젊은이들이 선택하도록 해야 합니다. 그래야 성공할 수 있습니다.

이를 위해선 많은 협조와 엄청난 재정을 장기간 안정적으로 뒷받침할 수 있는 조직과 재정이 필요합니다. 이를 살펴봅니다.

행정적 뒷받침

저자가 정부 모 부처의 인사실무책임자로 있을 때 상부지침에 의거 경부고속철도건설 추진체제(초안)를 경제기획원 부총리를 위원장으로 하는 '추진위원회'와 차관급을 단장으로 하는 '추진기획단'으로 편성한 바 있습니다.

저자가 경부고속철도건설 추진체제를 거론하는 것은 출생아 수를 늘리는 것과 경부고속철도를 건설하는 것과의 경중 및 성격 등을 비교하여 출생아 수의 제고를 위해 효율적으로 추진할 수 있는 추진체제 방안을 검토하기 위함입니다.

경부고속철도를 건설하는 일은 투입인원, 건설지역, 파급효과 등 여러 면에서 당시까지는 단군 이래 최대사업이라고 하였습니다. 그렇지만 투입되는 인원도, 건설하는 지역도, 파급되는 효과도 제한적일 수밖에 없습니다.

반면 출생아 수를 늘리기 위해서는 한국의 모든 젊은이들의 참여는 물론 한국 내에 있는 모든 가정, 학교, 기업, 기관 등의 관심과 협조가 필요합니다. 그리고 파급효과는 한국사회의 전반에 미칩니다.

이에 출생아 수를 늘리는 일은 참여 인원도, 참여지역도, 파급효과도 경부고속철도를 건설하는 일보다 수백 배 더 큰 일입니다. 또한 성격도 엄청나게 복잡합니다. 따라서 경중이나 성격 등을 비교하는 자체가 무리라고 생각합니다.

따라서 출생아수를 늘리기 위한 추진체제는 경부고속철도건설 추진체제보다 훨씬 더 강력하고, 한국사회의 다양한 변화에 효과적으로 대응할 수 있어야합니다. 즉, 정부의 모든 행정력을 장기간 안정적으로 집중할 수 있는 기구라야 합니다.

○ 추진 체제

이를 위해 "저출산·고령사회위원회"를 합리적인 방향으로 개편해야합니다. 그래서 추진체제의 효율이 극대화될 수 있도록 편성해야 합니다. 예를 들어 설명합니다.

저출산·고령사회위원회의 아래에 취업, 주거, 보육, 교육, 노후, 지역 및 총괄 등 7개 대책추진위원회를 설치합니다. 개별 대책추진위원회에서 대책을 마련하여 총괄대책추진위원회로 보냅니다. 그러면 총괄대책추진위원회는 이를 종합적으로 검토합니다.

총괄대책추진위원회는 6개 대책추진위원회 간 상충 또는 중복되는 것을 중점적으로 검토하여 각 대책추진위원회 간 의견을 조율하여, 전체 대책을 만듭니다.

전체 대책이 완성되면, 총괄대책추진위원회는 완성된 대책을 저출산·고령사회위원회에 보고하여 의견을 수렴한 후, 이를 6개 대책추진위원회에 보내 추진토록 합니다.

7개 대책추진위원회의 아래에는 각 위원회마다 기획단(단장 차관보급)을 두어 행정업무를 뒷받침하도록 합니다. 다만, 총괄대책추진기획단(단장 차관급)은 저출산·고령사회위원회의 행정업무도 뒷받침하도록 합니다.

위원장을 살펴봅니다. 저출산·고령사회위원회 위원장은 현행대로 대통령이 맡고, 총괄대책추진위원회 위원장은 국무총리가 맡도록 합니다.

다만, 6개 대책추진위원회는 민관공동 위원장 체제로 합니다. 민간 위원장은 대통령이 임명하고, 관측 위원장은 해당업무와 가장 가까운 부처 장관이 맡도록 합니다. 이를 살펴봅니다.

취업대책추진위원회는 고용노동부, 주거대책추진위원회는 국토교통부, 보육대책추진위원회는 여성가족부, 교육대책추진위원회는 교육부, 노후대책추진위원회는 보건복지부, 지역대책추진위원회는 행정자치부의 장관이 맡도록 합니다.

보육대책추진위원회 위원장에 교육부장관이나 복지부장관을 배제한 것은 두 부처는 업무가 많은 반면, 여가부의 경우는 비교적 업무가 적기 때문입니다. 저출산 관련 업무는 매우 중요하여 장관이 직접 챙겨야 실효성을 확보할 수 있기 때문입니다.

위원들의 수는 필요한 만큼 두되, 민관이 각각 동수가 되도록 위촉해야 합니다. 민간 측 위원들은 가능한 자녀를 둔 사람으로 하되 청년(남여 각 1명)은 필히 포함시켜야 합니다. 정부 측 위원들은 해당 부처 및 관련 공사, 공단, 기관 등을 포함합니다.

참고로 "저출산 · 고령사회위원회"의 위상에 대해 살펴봅니다. 이 위원회는 2005년 대통령 직속으로 출발하였으나, 2008년 보건복지부 장관 직속으로 격하되었다가, 2012년 다시 대통령 직속으로 격상되었습니다. 이제 더 이상 흔들어서는 안 됩니다.

다만 명칭 변경은 검토할 만한 합니다. 예를 들면 '한국인구위원회', '행복한 적정인구 위원회', '행복한 적정출산·보람된

노년사회위원회' 등등입니다.

ㅇ 추진 임무

첫 번째로 한국의 적정인구를 산출해야합니다.

당장 산출이 곤란하면 당분간 현행 인구유지로 가면 됩니다. 이에 맞춰 적정출산(율 또는 명)과 권장자녀수를 정해 홍보해야 합니다. 이는 총괄대책추진위원회가 맡습니다.

두 번째로 6개 분야의 불안해소에 총력을 경주해야합니다.

우선, 취업불안의 해소(취업대책추진위원회, 고용노동부)와 취업불안의 해소(주거대책추진위원회, 국토교통부)로 좋은 결혼환경을 조성하여 미혼의 젊은이들에게 희망을 주어야 합니다.

다음, 보육불안의 해소(보육대책추진위원회, 여성가족부)와 교육불안의 해소(교육대책추진위원회, 교육부)로 좋은 육아환경을 제공하여 자녀를 가진 부부들에게 기쁨을 주어야 합니다.

또한, 노후불안의 해소(노후대책추진위원회, 보건복지부)와 지역불안의 해소(지역대책추진위원회, 행정자치부)로 좋은 주위환경을 만들어 노인들에게 은퇴의 즐거움을 드려야 합니다.

세 번째로 각 기획단은 추진 업무를 발굴해야 합니다.

각 기획단은 관련 부처는 물론 각계각층의 의견을 들어 업무에 반영 추진해야합니다. 추진 방향은 경쟁과 상생이 조화되어, 성실한 사람은 누구나 모두 행복하게 살 수 있어야 합니다.

이상은 저자의 행정적 뒷받침에 대한 의견입니다. 이를 참고로 더 좋은 방안이 나오기를 기대합니다.

재정적 뒷받침

어떤 일을 추진하고자 할 때 사람(조직) 못지않게 돈(재정)이 매우 중요합니다. 아무리 좋은 방안이라도 재정이 제대로 뒷받침되지 않으면 정책목표를 달성할 수 없기 때문입니다.

출생아 수를 늘리는 일은 전국민, 전지역, 전조직을 대상으로 장기간 추진해야하는 국가의 대전략이므로 강력하고도 효율적인 행정과 장기간 막대한 재정이 뒷받침되지 않으면 안 됩니다.

이 중 행정에 대해선 전항에서 효율적인 행정력을 발휘할 수 있는 행정체제의 편성을 제안한 바 있습니다. 이제 막대한 재정을 어떻게 장기간 안정적으로 확보하느냐가 관건입니다.

이에 대해 앞(제5장 제3항)에서 살펴본 바와 같이, 출생아 수를 늘리는 제반정책들이 국민들로부터 계속 지지를 받아야 하는 동시에 다른 분야의 반대가 없어야 합니다. 왜냐하면 국가의 가용 재정이 한정되어 있기 때문입니다.

먼저, 국민들로부터 지지를 계속 받기 위해서는 출생아 수를 늘리는 정책들과 관련해서는 가급적 세금인상은 신중해야 합니다. 왜냐하면 취지가 아무리 좋아도, 국민들은 자기 호주머니에서 돈이 나가는 것에 대해 무척 민감하고 싫어하기 때문입니다.

이미 말한 바와 같이, 지난 정부는 국민건강을 향상을 시키겠다는 좋은 취지로 담배값을 인상하였지만, 이것이 지난 정부의 민심이반의 단초가 되었다는 시각이 많습니다.

다음, 국민들로부터 지지를 계속 받기 위해서는 출생아 수를 늘리는 정책들에 투자되는 재정이 경제적으로 타당성이 있어야 합니다. 그렇지 않으면 이들 정책들이 복지 포퓰리즘으로 낙인 찍혀 국민들로부터 계속적인 지지를 받을 수 없습니다.

또한, 가급적 타 분야와 관련된 재정에 손을 대서는 안 됩니다. 그렇지 않으면 타 분야의 저항으로 출생아 수를 늘리는 정책들을 효과적으로 추진할 수 없습니다.

이에 새로운 재원을 발굴해야 합니다. 그러나 이는 여간 어려운 일이 아닙니다. 그래서 이번 항에서는 특히 이점에 유의하여 재정의 원천을 살펴봅니다.

○ 증가세수의 활용

한국은 대내외적으로 많은 어려움이 예상됨에도 불구하고 세수가 상당기간 해마다 조금씩 늘어날 것으로 전망됩니다.

따라서 정부의 의지 여하에 따라 증가되는 세수 중 일정부분을 출생아 수를 늘리는데 할애할 수 있습니다. 생존차원에서 생각하면 가능합니다.

○ 교육예산의 합리적 조정

현재 한국의 경우, 저출산으로 인해 학생 수는 계속 감소하는데, 지방교육재정 교부금의 규모는 계속 늘어나고 있습니다. 이에 대해 살펴봅니다.

교부금은 그해 걷힌 '내국세 총액의 20.27%'에 '교육세 전액'

을 합해 마련됩니다. 그래서 앞으로 상당기간 경제성장이 예상됨으로 내국세와 교육세는 계속 커질 수밖에 없어, 교부금은 상당기간 자동으로 증가하게 됩니다. 반면, 학생 수는 계속 감소합니다. 예를 들어 살펴봅니다.

[예1] 학생 수(초, 중, 고)는 저출산의 영향으로 2000년 795만 명에서 2010년 723만 명으로 급감하여 10년 새 9%나 줄었습니다. 반면에 교부금 규모는 지난 2000년 16.6조 원에서 2010년 32.2조원으로 10년 만에 거의 두 배 가까이 증가하였습니다.

[예2] 강원도의 경우입니다. 도내 학생 수(초, 중, 고, 유치원 등 포함)는 지난 5년간 3만 여명이 감소한 반면, 도교육청 재정 규모는 5,000억 원 이상 증가하였습니다.

이와 같이 학생 수는 갈수록 감소하고 교부금은 갈수록 증가하는 상황이므로, 이를 전면 재검토하여 예산문제(유, 초, 중, 고)를 안정시켜야 합니다. 만약 다소 부족하다면 단계적으로 시행하면 됩니다. 더 이상 국민을 불안하게 해서는 안 됩니다.

○ 국민연금 활용

저자는 지난번 책 '생존수요'(2012년)에서 제안한 "국민연금을 출생아 수를 늘리는데 가능한 한 많이 투자하도록 하는 방안"을 재차 강조합니다.

왜냐하면 국민연금제도의 입장에서 볼 때, 국민연금을 미래까지 지속시켜 줄 수 있는 출생아 수의 제고에 투자하는 것이 가장 바람직한 투자이기 때문입니다.

다만, 국민연금을 출생아 수의 제고에 투자하는 경우 기금의 안정성을 고려하여 투자대상을 환금성이 가능한 주택 및 토지 등으로 한정하고, 이자는 시중은행의 평균금리 수준으로 하는 것입니다. 이러한 투자가 늘수록 좋습니다.

국민연금은 내가 저축한 만큼 돌려받는 노후대비저축이 아닙니다. 국민연금의 기본 골조는 후세대가 낸 돈으로 현세대의 노후생활비를 대주는 방식입니다.

그런데 고령화 및 저출산의 지속으로 돈을 달라는 노인들은 많아지고 보험료를 내야 할 젊은이들은 적어지는데, 국민연금의 수익률은 계속 줄어드는 추세입니다.

그래서 향후 약 50년 동안 약 2,500조원까지 증가하였다가 그 후 수년이 지나면 바닥이 난다고 합니다. 이에 많은 이들이 국민연금에 대해 우려의 목소리를 높이고 있습니다.

또한, 많은 이들은 "기금을 몇 십조씩 주식에 투자하는 일은 실로 위험하기 짝이 없다. 왜냐하면 금융위기 당시 해외 연기금들이 줄줄이 큰 손실을 보았기 때문이다."라고 지적하였습니다.

더욱이 최근에는 삼성전자 및 대우조선 등에 투자한 국민연금과 관련하여 국민연금공단 관계자들이 곤혹을 치루고 있습니다. 이러한 현상은 갈수록 심해질 것으로 보입니다.

왜냐하면 현재 500여조 원인데 향후 상당기간 계속 증가할 것이기 때문입니다. 다시 말해 어느 누구도 이렇게 큰돈을 합리적인 투자를 할 수 없기 때문입니다.

500조 원이면 한국의 1년 예산과 맞먹는 어마어마한 액수입니다. 그런데 앞으로 이의 몇 배나 늘어날 전망입니다. 따라서 국민연금공단의 기금투자와 관련한 사고나 문제 등이 지금까지보다 더 많이 터져 나올 것으로 예상합니다.

이에 저자의 제안대로 국민연금을 출생아 수를 늘리는데 투자하면 할수록 여러모로 좋습니다.

국민연금공단의 경우, 먼저 안정적인 수익이 늘어납니다. 다음 유휴자금이 크게 줄어들어 주식투자 시에 보다 신중을 기할 수 있어 수익성과 안전성을 확보할 수 있습니다. 또한 주식투자와 관련한 사고나 문제 등을 크게 예방할 수 있습니다.

정부의 경우, 출생아 수의 제고와 관련한 재정을 장기간 안정적으로 확보할 수 있어 저출산의 개선사업을 강력하게 추진할 수 있습니다. 이로 인해 출생아 수가 늘어난다면 정부는 물론 국민연금공단의 경우도 이익이 크게 증대될 것입니다.

다만, 국민연금공단이 안고 있는 내재적 문제는 별도로 개혁해야 할 것입니다. 이는 여기서 거론하지 않고자 합니다.

○ 세제의 합리적인 검토

출산조건과 관련된 6개 불안을 개선하는데 기존 재원만으로 부족할 경우 부득이 세제개편을 통해 추진해야 합니다. 이때 가능한 사회적 갈등의 최소화가 필요합니다.

전문가들의 의견은 두 가지로 대별됩니다. 한 의견은 '부자증세'입니다. 또 다른 의견은 '국민개세주의'입니다. 즉, '넓은 세원, 낮은 세율'을 말합니다.

첫 번째 의견은 부자증세의 실효성여부를 떠나 "미래에 부자에게 닥칠 위기를 막으려면 부자들이 세금을 더 내지 않으면 안 된다"는 의견입니다.

저자는 부자증세에 조건부로 동의합니다. 저자가 동의하는 이유는 99%의 반란을 미연에 막을 수 있기 때문입니다.

그리고 저자가 동의하는 조건은 "부자에게 과표를 높이되, 높인 구간의 과표에 대해선 국내에서 소비한 실적에 따라 일정부분 감면해 주는 방식"입니다.

이 방식대로 하면 "증세를 하지 않아야 소비를 진작시켜 경제활성화에 더 도움이 된다."는 증세반대 의견을 어느 정도 충족시킬 수 있기 때문입니다. (하여튼 증세는 신중해야 합니다.)

두 번째 의견은 이제 서민은 1원을 내고 10원을 받고, 부자는 10원을 내고 1원을 받더라도 일단 누구나 세금을 내게 하자는 방안입니다. 왜냐하면 월급쟁이나 자영업자의 40% 정도가 소득세를 한 푼도 내지 않고 있기 때문입니다.

저자는 위의 의견에 전적으로 동의합니다. 아울러 이의 실현을 위한 의견을 제안합니다. "다소 번거롭더라도 과표대로 소득세를 징수하고, 비과세 또는 감면 부분은 별도로 환불해 주는 방식"을 제안합니다.

이 방식대로 하면 세금을 내는 사람은 더 많아지고, 환불받는 사람은 국가에 대해 고마워할 것입니다. 세금을 징수하는 기관과 환불을 받는 기관을 다르게 하면 효과는 더 확실하다고 봅니다.

차제에 평소 마음 깊이 간직했던 포괄세의 신설을 주장합니다. 이는 어떤 개인의 보유재산이 국민평균소득(년)의 100배씩(이는 보통 사람이 100년을 쓸 수 있는 돈임) 증가할 때마다 무조건 철저한 세무조사를 하는 것입니다.

그리하여 미흡한 부분에 대해서는 세금을 최고 세율로 부과하는 것입니다. 이로 인해 세수는 증대되고, 부자를 질시하는 풍조는 크게 사라질 것입니다. (이도 증세이므로 조심스럽습니다.)

ㅇ 재정낭비 억제

국가재정의 낭비 사례를 막아 재정의 건전성을 유지해야만, 세수 중 일정부분을 장기간 안정적으로 출생아 수를 늘리는데 할애할 수 있습니다.

따라서 엉터리 사업들로 나라의 재정을 거덜 내고, 방만한 경영으로 빚을 늘리는 행위는 철저히 막아야 합니다. 이러한 의미에서 엉터리 사업과 방만 경영에 대해 살펴봅니다.

(1) 지방재정 관련 사례

첫 번째, 지자체의 선심성 사업 및 조직 확장이 재정을 크게 훼손하고 있습니다. 언론에 보도된 사례들을 살펴봅니다.

- 약 1조원 투입했는데 (용인경전철)운행시작도 못함
- 회의 한 번도 안 한 지자체 위원회 증가, 운영비만 370억

두 번째, 지자체가 '호화청사'를 지어 여론의 지탄을 받은 바 있습니다. 언론에 보도된 사례들을 살펴봅니다.

- 3222억원을 들여 호화청사 지어 지탄
- 직원 19명의 면사무소에 126억 투입

세 번째, 집단민원, 수요예측 부족 등으로 재정을 낭비하는 경우가 많습니다. 언론에 보도된 사례들을 살펴봅니다.

- 길확장 1m마다 2억 쏟아 – '혈세도로'
- 아무도 안 찾는 600억 짜리 '명품' 공원

네 번째, 지방공기업이 방만한 경영으로 재정을 크게 낭비하고 있습니다. 언론에 보도된 사례들을 살펴봅니다.

- 30억 들인 지하 자전거 보관함–하루 이용객 50여명
- 전국 시 · 도(지방공기업) 398곳 부채 74조원

다섯 번째, 지자체가 지방축제의 남발로 재정을 크게 낭비하고 있습니다. 언론에 보도된 사례들을 살펴봅니다.

- '그 밥에 그 나물' 지방축제 확 바꿔야

• 세금만 쏟아 붓는 흥청망청 축제 행사들

이와 같은 지자체의 재정낭비를 막기 위해서는 별도의 강력한 억제장치가 필요합니다.

먼저, 일정금액 이상 초과되는 사업은 사전에 전문기관(중앙 및 지방정부가 합동 추천)의 사업타당성 검토를 받도록 법제화해 선심성 또는 민원성 사업 등을 억제해야 합니다.

또한, 호화청사의 건립을 억제하고 지방축제의 남발을 규제할 방법도 법제화해야 합니다. 특히 지방공기업의 방만 경영 등을 억제해야 합니다. 그리고 빚이 없는 지자체는 인센티브 등을 주어야합니다.

(2) 중앙재정 관련 사례

중앙정부와 관련한 재정낭비 사례들도 적지 않습니다. 국가보조금 관리감독 허술, 위원회수의 대폭 증가, 선출직 공직자의 임기 중 사퇴 등으로 세금이 낭비되고 있습니다. 그러므로 이를 막아야 합니다. 언론에 보도된 사례들을 살펴봅니다.

• '눈먼' 국가보조금…권익위, 부정수급 7년간 590억 적발
• 위원회 60개 줄인다더니 1년 새 68개 되레 늘렸다.
• 세금 먹는 하마…"재보선 비용 1,200억"
• 재·보궐선거 비용, 환수 통해 원인 제공자에게 물려야

작은 행정구역은 행정비용을 증가시키지만, 행정구역이 확대

되면 혐오시설 및 공공시설 등을 공동으로 활용하게 되어 예산을 크게 절감할 수 있습니다. 따라서 다양한 방법으로 행정개편을 추진해야합니다. 언론에 보도된 사례들을 살펴봅니다.

- 행정구역 개편 지역 발전과 연계(칼럼)
- 도농통합 시 만든 건 잘한 일—도농통합 시 40곳

그리스는 일자리를 못 늘려, 할 수 없이 공무원 수만 늘려 왔습니다. 그 결과, 그리스의 명을 재촉하고 있습니다. 이를 예를 들어 살펴봅니다.

정부개혁에 공무원이 거센 반발을 하고, 시위를 막아야 할 경찰이 시위를 하고, 심지어 판사까지 파업(부분적이지만)으로 재판을 안 하고 있다고 합니다.

이제 그리스 공무원은 연금 등 온갖 혜택을 다 받는 통제 불능의 이익집단으로 변했습니다. 언론에 보도된 사례들을 살펴봅니다.

- 그리스의 명을 재촉한 부패와 부도덕(칼럼)
- 그리스, 공무원만 늘렸더니—공무원들이 돌 들었다.

한국의 공무원들도 그리스의 경우처럼 온갖 혜택을 다 누리면서, 연금개혁 등을 반대하고 세만 불리는 이익집단으로 변모해 갈까 우려하는 이들이 적지 않습니다.

최근 공무원 수가 해마다 늘어나고 있습니다. 이처럼 공무원 수가 계속 늘어나면 재정의 건전성을 유지하기 힘듭니다. 따라서 공무원의 증원은 항상 신중을 기해야 합니다.

03
국회의 통합적 뒷받침

● 국민 전체의 유대감을 증진시킵니다

한국의 경우, 정부권력 못지않게 의회권력이 강합니다. 그래서 정부에서 아무리 좋은 방안을 만들어도 국회의 지지와 도움 없이는 효율적인 추진이 곤란합니다.

특히, 저출산의 개선방안은 국회의 지지와 도움이 더욱 절실합니다. 왜냐하면 저출산의 본질이 출산요건의 저하로 신생아 수가 줄어드는 생존차원의 문제이기 때문입니다.

그래서 저출산의 문제들은 일반적인 차원에서 해결할 수 있는 문제들은 별로 없습니다. 저출산의 문제들은 대부분 생존차원에서 다루어야만 해결될 수 있는 문제들입니다.

이에 입법적인 조치가 필요한 문제들이 매우 많습니다. 따라서 저출산의 개선방안을 성공적으로 추진하기 위해서는 국회의 지지와 도움이 필수적입니다.

입법적 뒷받침

저출산의 본질에 대해서 앞에서 여러 차례 언급한 바 있습니다. 그렇지만 독자 여러분의 이해를 돕기 위해 저출산의 본질에 대해 다시 살펴보고자 합니다.

저출산은 신생개체수가 감소하는 현상입니다. 이의 특징을 살펴보면 생존여건의 저하현상, 경쟁과 상생의 부조화 현상, 집단전체의 해당 현상 등 세 가지로 대별됩니다.

첫 번째로 생태계상의 생존여건의 저하로 신생개체수가 감소하는 현상을 살펴봅니다. 여기서의 생존여건을 한국 사회에 비유하면 결혼, 육아, 주변 환경 등과 같은 출산조건을 의미합니다.

생태계상의 생존여건은 일단 저하되면 여간해선 향상이 안 됩니다. 왜냐하면 약산나라 약산의 토질 등과 같기 때문입니다. 그래서 저출산은 통상 단기적이고 일반차원의 처방으로선 곤란하고, 장기적이고 비상차원의 처방을 해야 개선됩니다.

이와 마찬가지로 한국 저출산의 개선방안도 장기적이고 비상차원의 조치가 필요합니다. 이는 저출산의 개선방안을 추진하기 위해선 많은 입법적인 조치가 필요함을 의미합니다.

두 번째로 생태계상의 경쟁과 상생의 부조화로 신생개체수가 감소하는 현상을 살펴봅니다. 여기서의 '경쟁과 상생의 부조화'

현상을 한국 사회에 비유하면 '탐욕의 이기심을 바탕으로 한 경쟁'의 산물인 '부익부 빈익빈' 현상이라고 할 수 있습니다.

그런데 저출산을 개선하기 위해선 경쟁과 상생의 조화가 매우 중요합니다. 이를 위해선 강자의 '탐욕의 이기심'을 '순수한 이기심'으로 변화시켜야 합니다. 또한 약자를 위해 강자의 배려 등을 통해 상생을 증진시켜야 합니다.

이를 실현하기 위해선 장기적이고 강력한 처방이 필요합니다. 왜냐하면 강자의 탐욕을 억제하고, 강자의 배려를 받아내야 하기 때문입니다. 이러한 내용들이 '저출산의 개선방안'엔 많이 들어 있습니다. 그래서 많은 입법적인 조치가 필요합니다.

세 번째로 저출산은 선, 후는 있을지언정 생태계상의 동일집단의 전체에 해당하는 현상입니다. 앞의 호수나라의 사례에서 보듯이 호수의 수질저하로 물고기가 호수에서 전부 사라졌습니다. 이와 더불어 사람들도 호수나라에서 모두 떠났습니다.

이에 저출산을 개선하기 위해선, 소수가 자신의 기득권을 내려 놓고 다수의 이익을 위해 개혁을 해야 합니다. 자신의 입장만 주장해선 안 됩니다. 즉, 전체의 통합차원에서 형평성을 생각해야 합니다. 그러나 현실에선 이와 반대입니다.

이에 전체의 통합차원에서 기득권을 내려놓고 개혁에 동참할 수 있게끔 하는 강력하고 획기적인 조치가 필요합니다. 이러한 내용들이 '저출산의 개선방안'(이하 '적정출산 방안'으로 표기)'엔 많이 들어 있습니다. 그래서 많은 입법적인 조치가 필요합니다.

이와 같이 '적정출산 방안'은 국회의 입법적 뒷받침이 절대적으로 필요합니다. 이는 국회의 저출산 · 고령화 대책 특별위원회가 중심이 돼서 뒷받침해 주어야 합니다.

왜냐하면 정부의 부처 이기주의가 국회의 소관 상임위원회까지 전이되기 때문입니다. 그래서 저출산의 개선방안과 관련된 법률들은 모두 저출산 · 고령화 대책 특별위원회에서 우선 심의하여야 합니다.

그리고 위의 특별위원회위의 심의 결과를 통보받은 소관 상임위원회에선 이를 존중하여 처리해야 합니다. 그러면 정부의 부처 이기주의가 국회로 전이되는 것을 차단할 수 있습니다. 그러면 실효성이 크게 증진될 것으로 보입니다.

통합적 마무리

한국은 취업, 주거, 보육, 교육, 노후, 지역 불안 등 6개 불안으로 인해 결혼, 육아, 주변 환경 등 출산요건의 악화로 출생아 수가 심각하게 감소하고 있습니다.

이와 같은 저출산에 대응하기 위해, 저출산의 문제점 및 원인을 분석하여 '적정출산 방안'을 만들었습니다. 그리고 전항에서 입법과정을 거치면서, 완전한 계획이 되었습니다.

그러나 속담에 "구슬이 서 말이라도 꿰어야 보배다."란 말이 있습니다. 이는 아무리 좋은 것이라도 쓸모 있게 만들어 놓아야 가치가 있다는 것입니다.

그래서 '적정출산 방안'의 경우도 이와 마찬가지입니다. 왜냐하면 아무리 좋은 계획이더라도 실천하지 않으면 아무 소용이 없기 때문입니다.

이에 '적정출산 방안'을 실천하게 만들어야 합니다. 이를 국회가 맡아주어야 합니다. 이의 주무 위원회는 저출산ㆍ고령화 대책 특별위원회가 되어야 합니다.

그래서 저출산ㆍ고령화 대책 특별위원회의 역할이 막중합니다. 평소에는 '적정출산 방안'의 추진사항을 문서로 보고받아, 부진사항을 검토합니다.

그리고 저출산ㆍ고령화 대책 특별위원회가 열리면 '적정출산 방안' 추진 관련자들에게 부진사유를 직접 확인합니다. 그리고 가능한 국회차원에서 해결 주는 것입니다.

통상 추진이 부진한 경우는 관련 이익집단들이 많거나 쎈 경우입니다. 이 경우 부처 공무원의 입장에선 처리하기가 힘듭니다. 왜냐하면 언론이나 국회 등에 투서하기 때문입니다.

따라서 이를 국회에서 해결하고자 할 경우엔 이익집단을 전부 불러 이유를 듣습니다. 그리고 국가 전체의 생존차원에서 결론을 내립니다. 그래야 통합적으로 마무리가 됩니다.

이와 같이 국회가 공개적으로 결론을 내리면 어떤 이익집단이라도 승복할 수밖에 없습니다. 왜냐하면 투서할 곳도 없고, 투서를 받아줄 곳이 없기 때문입니다.

이상 살펴본 바와 같이 '적정출산 방안'을 성공적으로 추진하기 위해선 국회의 뒷받침이 매우 중요합니다.

끝으로 한국 사회가 저출산 문제를 '생존차원, 경쟁과 상생의 조화차원, 전체통합차원'에서 대응하여 적정수준의 출생아 수를 지속적으로 유지하기를 진심으로 바랍니다.

그리하여 모든 가정이 행복하게 잘 사는 국가가 되기를 간절히 바랍니다. 이러한 바람에 이 책이 다소나마 기여하기를 기대하면서, 이 책을 마무리 합니다.

에필로그

저자는 이 책을 쓰면서 많은 것은 느꼈습니다. 우선, 한국은 충분히 행복한 사회가 될 수 있는데도 불구하고, 지나친 경쟁 등으로 인해 살기가 힘들고 출산율까지 저하되는 불안한 사회가 된 데 대해, 많은 안타까움을 느꼈습니다.

한편, 저자는 경쟁을 합리적인 수준으로 자제하고 상생을 적정수준으로 늘린다면, 한국은 곧 행복한 사회가 될 수 있다는 희망을 느꼈습니다. 다만, 몇 가지 대목은 너무 안타깝고 궁금해서 후기로 남깁니다.

첫 번째로 안타깝고 궁금한 대목입니다.

한국은 해마다 다소나마 경제규모가 커지고 1인당 국민소득이 높아짐에도 불구하고, 왜 젊은이들이 제대로 된 일자리를 구하지 못해 비정규직 및 미취업 상태가 늘어나는지 안타깝고 궁금했습니다.

한국은 그간 주택난의 해소를 위해 신도시 개발 등을 통해 주택 잉여국가가 되었음에도 불구하고, 왜 젊은이들이 신혼집을 구하지 못해 결혼을 미루는지 안타깝고 궁금했습니다.

한국은 지난 10년간 보육분야에 수십조 원을 투입했음에도 불구하고, 왜 보육여건은 향상되지 않고 갈등(재정지원, 재정배분, 행정권한)만 야기하고 있는지 안타깝고 궁금했습니다.

한국은 세계에서 가장 일찍 유치원에 가고, 가장 많은 사교육을 받고, 대학이수자가 가장 많은 나라임에도 불구하고, 왜 대학졸업 후에도 학원에서 취업준비를 해야 하는지 안타깝고 궁금했습니다.

한국은 그간 경제성장과 더불어 의학기술의 발달로 세계 10대 장수국가에 들 정도로 기대수명이 늘어났음에도 불구하고, 왜 은퇴가 고통을 의미하는지 안타깝고 궁금했습니다.

한국은 중앙과 지방을 함께 발전시키기 위해 역대 정부들이 지역균형발전을 국정의 핵심과제로 삼고 추진해 왔음에도 불구하고, 왜 지방은 점점 낙후되고 있는지 안타깝고 궁금했습니다.

요약하면, 한국은 이미 2006년 1인당 국민소득이 2만 달러에 달한 세계 10위권 초반의 무역대국임에도 불구하고, 왜 많은 사람들이 고달프게 사는지 안타깝고 궁금했습니다.

다시 말해 위에서 저자가 말한 내용 중 앞부분만 고려할 경우에 한국은 충분히 행복한 삶을 누릴 수 있는 사회가 될 수 있는데, 왜 뒷부분처럼 삶의 질 및 출산율이 저하되는 각박한 사회가 되었는지 매우 안타깝고 궁금했습니다.

이에 그 원인을 저자 나름대로 살펴본 결과, 그것은 국민들이 갖고 있는 물(행복) 항아리에 '장기적 일상 불안'(이하 '불안'이라

표기)이란 구멍이 많이 뚫려 있어, 물(행복)이 계속 새는 현상 때문이라고 보았습니다.

그리고 이러한 현상을 야기한 요인들은 극심한 상대평가, 불필요한 규제, 기득권의 높은 진입장벽, 시대에 뒤처진 낡은 제도, 부정부패 등이라고 보았습니다. 이를 좀 더 살펴봅니다.

필요 이상의 과도한 상대평가는 당연히 지나친 경쟁을 유발하여 고비용 및 저효율 현상을 야기하고, 이는 필연적으로 양극화(부, 소득 등) 및 불평등 현상으로 이어지는 엄청난 부작용을 야기합니다.

또한, 불필요한 규제, 높은 진입장벽, 낡은 제도 등도 상대평가와 같은 부작용을 야기함은 물론 부정부패는 상대평가나 규제 등보다 훨씬 더 심한 부작용을 야기합니다.

이러한 부작용으로 뚫린 구멍(불안)들을 살펴보면 취업, 주거, 보육, 교육, 노후, 지역 불안 등 6개입니다. (이외의 불안들은 주제인 저출산과 비교적 관련이 적어 생략합니다.)

이러한 6개의 구멍(불안)들을 통해 항아리에서 행복이란 물이 계속 새고 있습니다. 그래서 살기가 각박한 것입니다. 그러므로 이들 구멍(불안)들을 막는 방법을 조속히 강구해야합니다.

두 번째로 안타깝고 궁금한 대목입니다.

현재 한국엔 청년 실업자가 100만 명이 된다고 하고, 예비신혼 부부들이 신혼집을 구하지 못해 결혼을 미루는 경우가 적지 않다고 합니다.

또한, 한국에선 열악한 보육여건으로 수백만 명의 맞벌이 부부들이 고통을 받고 있고, 수백만 명의 아이들이 정글 같은 교육현장에서 십년 넘게 힘든 경쟁을 한다고 합니다.

그리고 한국엔 자녀들을 뒤치다꺼리 하느라 은퇴준비를 제대로 못해 노후를 고통 속에서 지내는 노인들이 적지 않고, 한국의 지방은 대도시보다 제반여건이 크게 열악하여, 지방에선 취업과 자녀교육 등으로 겪는 스트레스가 엄청나다고 합니다.

이처럼 구멍(불안)들로 인해 물(행복)이 엄청나게 샘에도 불구하고, 이러한 현상이 너무 막연하여 이의 심각성을 크게 느끼지 못하는 사람들이 많은 것 같아 매우 안타까웠습니다.

이에 저자는 불안(구멍)들로 인해 사라지는 행복(물)의 규모가 매우 궁금했습니다. 그래서 불안, 행복, 고통 등은 계량화가 곤란하지만, 주먹구구식으로나마 계량화가 가능한 부분은 추정해보는 것이 바람직하다고 생각했습니다.

미흡하나마 예를 들어봅니다. 여기에선 청년들의 취업불안(구멍)과 관련하여 새는 물(행복) 및 노인들의 노후불안(구멍)과 관련하여 새는 물(행복)의 규모를 주먹구구식으로나마 추정해봅니다.

먼저 취업불안(구멍)으로 새는 물(행복)의 규모를 살펴봅니다. 만 15세부터 생산가능 인구입니다. 그런데 한국의 경우엔 본론에서 살펴본 바와 같이 30세 전후에야 일자리를 얻게 되는 경우가 허다하고, 30대 중반을 넘기는 경우도 적지 않습니다.

이를 스위스(1인당 국민소득이 한국의 세배에 이름)와 비교해 봅니다. 한국은 대학진학률이 71%이나, 스위스는 대학진학률이 29%에 불과합니다. 그래서 한국은 스위스보다 취업이 약 10년 정도 늦는다고 볼 수 있습니다.

이러한 상황에서 취업희망자가 매년 5십만 명 정도 되고, 취업비용(먹고, 자고, 학원비, 용돈 등)으로 월 50만 원정도 들고, 이들이 취업하게 되면 연간 2천만 원을 번다고 가정합니다.

이와 같이 가정하면 10년간 취업준비비용이 개인적으론 6천만 원, 전체적으론 30조원이 됩니다. 그리고 기회비용이 개인적으론 2억 원, 전체적으론 100조원이 됩니다.

따라서 취업불안과 관련하여 새는 물(행복)을 비용으로 환산하면, 청년 실업자 100만 명의 고통 이외에도 개인적으론 총 2.6억 원, 전체적으론 총 130조원정도에 이른다고 추정됩니다.

다음, 노후불안(구멍)으로 새는 물(행복)의 규모를 살펴봅니다.

2015년에 국민연금으로 지급된 돈이 약 36조원, 노인진료비로 쓴 돈이 약 21조원, 장기요양보험비용으로 부담된 돈이 약 3조원, 노인 관련 예산이 약 9조원정도 됩니다.

따라서 노후불안과 관련하여 새는 물(행복)을 비용으로 환산하면, 노후를 빈곤에서 보내는 수백만 노인들의 고통 및 성인 자녀를 부양 중인 노인들(39%)의 아픔 이외에도 매년 69조원정도에 달한다고 추정됩니다.(70%의 노인들에게 드리는 기초노령연금은 미포함)

그리고 노후 관련 비용은 해마다 크게 늘어날 것으로 보입니다. 왜냐하면 현재는 한국의 65세 이상 노인인구가 약 700만 명 정도 이지만, 해마다 수십만 명씩 늘어날 것으로 보이기 때문입니다.

이처럼 주먹구구식으로 추정하였음에도 각 구멍(불안)마다 100조원 내외의 물(행복)이 새고 있습니다. 고통까지 포함한다면 각 구멍(불안)으로 새는 물(행복)의 규모가 100조원을 훨씬 넘을 것이고, 이는 갈수록 늘어날 것으로 보입니다.

그리고 여기에서 예로 들지 않은 주거, 보육, 교육, 지역 불안(구멍)들로 새는 물(행복)의 규모도 마찬가지일 것이라고 생각됩니다. 이에 이들 구멍(불안)들을 신속히 막아야합니다.

세 번째로 안타깝고 궁금한 대목입니다.

인구는 많아도 문제이고, 적어도 문제입니다. 다시 말해 많이 낳아도 문제이고, 적게 낳아도 문제입니다. 따라서 적정하게 낳아 잘 키워야합니다.

그런데 정부는 출생아수의 감소에 대해서만 걱정하고 있는데, 한국의 제반 상황을 고려하였는지 저자는 궁금합니다.

왜냐하면 한국은 인구밀도가 매우 높고, 에너지 등 부존자원이 극히 열악하고, 핵심생산가능인구가 감소하는데 청년 실업률은 증가하고, 일자리는 늘지 않는 상황이기 때문입니다.

그리고 정부와 지자체들이 아이를 더 낳을 때마다 혜택을 올리면서 출산만 권장하는데 대해, 결혼 관련 상황을 제대로 고려하였는지 저자는 안타깝고 궁금합니다.

왜냐하면 청년 실업자가 100만 명이 되고, 예비신혼부부들이 신혼집을 구하기가 힘들고, 아이 키우는데 3억 원이나 들어, 결혼을 미루는 상황에서 출산장려책만 내놓고 있기 때문입니다.

이에 정부는 한국의 모든 국민들이 행복할 수 있는 적정인구 규모와 한국의 대다수 가정들이 행복할 수 있는 적정자녀 수를 조속히 산출하여 발표해야합니다.

네 번째로 안타깝고 궁금한 대목입니다.

취업불안 등 6개의 불안(구멍)은 복지차원을 넘어선 생존차원의 문제입니다. 그래서 많은 이들이 6개 불안의 심각성을 지적하고, 이의 해결의 시급성을 주장하고 있습니다.

이러한 의견에 대해 총론적인 입장에선 모든 이들이 찬성하나, 각론으로 들어가면 모든 이들이 회피하는 게 매우 안타깝고 궁금합니다. 취업불안을 예로 들어봅니다.

취업불안은 생존차원의 문제이고, 취업불안은 테러보다 더 위험하고, 취업불안은 전쟁보다 더 무섭고, 심지어 비상사태까지 선포하자는 의견도 있습니다.

이에 대해 모든 이들이 동의하나, 막상 자신들과 관련된 분야의 개방을 거론하면 반대합니다. 이를 구체적으로 살펴봅니다.

먼저, 농지법을 개정하여 식량자급률 높이는 한편 농식품의 수출에 힘쓰면, 이 과정에서 양질의 일자리를 엄청나게 창출할 수 있습니다. 이는 식량안보, 외화절약, 물가안정, 축산진흥에도 크게 도움이 될 것입니다.

위의 사안은 관련자들이 함께 논의하면 모두에게 이익이 될 수 있는 상생방안을 찾을 수 있는데, 왜 일부에선 무조건 반대만 하는지 매우 안타깝고 궁금합니다.

다음, 케이블카의 설치로 산이 70%인 한국의 산악자원을 유용한 관광자본으로 개발하면, 관광분야에서 양질의 일자리를 대량으로 창출할 수 있습니다.

케이블카는 관광의 간접자본입니다. 그래서 관광의 국제 경쟁력을 높여 한국 관광 진흥의 기폭제 역할을 할 것입니다. 그래서 국내외의 관광객 유치 및 지역경제의 활성화 등에 크게 기여할 것입니다.

스위스에선 산악열차가 해발 3454m까지 올라갑니다. 따라서 위의 사안도 관련자들이 '열린 생각'을 갖고 논의하면 환경도 보존되고 관광도 진흥될 수 있는 상생방안을 찾을 수 있는데, 왜 10년째 논쟁만 하는지 매우 안타깝고 궁금합니다.

앞에서 언급한 바 있지만, 취업불안은 생존차원의 문제이고, 테러보다 더 위험하고, 전쟁보다 더 무섭다는 의견에 모든 이들이 동의하고 찬성했습니다.

그렇지만 막상 현장에선 위와 같이 온통 규제로 다 틀어 막혀 있어, 일자리가 창출되지 않아 청년들이 취직할 곳이 부족한 것입니다.

이에 모두가 '열린 생각'으로 여러 분야에서 규제가 혁파되어, 일자리가 곳곳에서 대량으로 창출되기를 기대합니다.

다섯 번째로 안타깝고 궁금한 대목입니다.

한국에선 정부뿐만 아니라 거의 모든 분야가 저출산과 관련하여 뚜렷한 계획이 없는 듯하여, 매우 안타깝고 궁금합니다. 이에 대학구조조정정책을 예로 들어 살펴봅니다.

대학구조조정정책의 개념을 요약하면, 학령인구(고3학생 수)를 수요, 대입정원(신입생 수)을 공급이라고 보고, 저출산으로 수요인 학령인구가 감소하면, 공급인 대입정원을 감소하는 정책인 것입니다.

그래서 이 정책대로 하면, 수요(학령인구)가 일방적으로 끝없이 감소하고 있는 상황이므로, 이에 맞서는 공급(대학정원)도 끝없이 감소시켜야합니다. 따라서 이는 추진해서는 안 되는 매우 무모한 정책입니다.

왜냐하면 태양을 등 뒤에 두고 자신의 그림자 따라잡기 게임과 같은 정책이기 때문입니다. 그래서 이 정책을 계속 추진하면, 종내는 대학이 사라지는 결과를 초래할 것입니다.(이는 자살행위와 같습니다.)

따라서 이와 같은 정책들이나 방법들은 즉각 중단하고, 저출산과 관련하여 확고한 계획부터 세워야합니다. 조속히 적정인구를 산출하고, 이를 언제까지 달성하겠다는 계획을 세워 추진해야합니다.

저자는 이 책에서 한국사회의 제반분야 중 6개 분야의 왜곡된 현상으로 엄청난 비용이 소진되어 삶의 질 및 출산율이 저하되는 현상을 살펴보고, 기본소득 개념으로 그 치유책을 제시했습니다.

현재 6개 분야가 엄청나게 왜곡되어 있지만, 한국의 국민들이 합심만 한다면, 왜곡된 현상을 쉽게 치유하여, 한국을 곧 행복한 사회로 만들 수 있다고 생각합니다.

왜냐하면 6개 분야의 왜곡된 현상은 비용을 너무 많이 들여 경쟁을 키운 결과이므로, 제도개선 등을 통해 비용을 줄이면 경쟁은 자연히 완화될 수 있기 때문입니다.

저자의 방안대로 규제혁파로 일자리를 대량으로 창출한다면, 대입경쟁을 줄여 사실상 대학 서열화를 없앤다면, 고등학교 졸업 때부터 적극적으로 취업을 시켜준다면, 자격 등과 관련한 기득권의 높은 진입장벽을 낮춘다면, 경쟁은 완화되고 상생은 증진되어 6개 불안이 곧 사라질 것입니다.

그리하여 한국은 곧 행복한 사회가 되어 삶의 질이 향상되고, 출산율이 적정수준으로 제고될 것입니다.

다만, 경쟁의 완화나 상생의 증진을 강제로 하면 안 됩니다. 왜냐하면 경쟁을 강제로 억제하면 모두 퇴보하고, 상생을 강요하면 모두 공멸하기 때문입니다. 따라서 어떠한 경우에도 합리적으로 추진해야 함을 강조하면서 사실상 후기를 마칩니다.

이제 아쉽기도 하고, 시원하기도 합니다.

저자는 6개 불안의 치유와 관련하여, 지면관계상 상대평가 억제 및 규제 완화 등만 언급하고 기득권의 횡포 및 부정부패 등은 언급조차 못한 것이, 변죽만 울린듯하여 아쉽습니다.

한편 미흡하나마 이 책의 출간으로, 그간 열심히 모아 두었던 자료들이 과연 책으로 만들어 질 수 있을까하는 짐을 벗게 되어 시원합니다.

다만, 저자의 바람(제안)보다 훌륭한 방안이 속출하여, 한국이 모두가 편안하고 잘 사는 행복한 사회가 되기를 다시 한 번 간절히 기원하면서 이 책을 모두 마무리합니다.

참고
문헌

- 가야대 통합사회연구소 (2011), 『지역경쟁력과 지역대학의 활성화 방안』, 가야대통합사회연구소 세미나 (2011.10.27)
- 강원도 (2009), 『강원도지역 발전전략』, 강원지역발전전략 (2009.2.10) 자료집
- 김대호 (2011), 『'정의'없는 '복지' 없다』, 황해문화 (2011봄 통권70호), 새얼문화재단, PP.40~64
- 김도연 외 20인 (2011), 『새로운 대학을 말하다』, 매경출판(주)391
- 김동건 (1997), 『비용 · 편익분석』, 박영사
- 김영미 (2011), 『보육정책에 대한 비판과 대안』, 황해문화 (2011봄 통권70호), 새얼문화재단, PP.85~110
- 김용조 · 이강복 (2011), 『맬더스가 들려주는 인구론이야기』, (주)자음과 모음
- 김진봉 (1994), 『재무관리』, 박영사
- 김진석 (2011), 『'보편적 복지'만 정답인가?』, 황해문화 (2011봄 통권 70호), 새얼문화재단, PP.8~37
- 김진형 (2011), 『복지논쟁, 어떻게 생각하십니까?』, 황해문화(2011봄 통권 70호), 새얼문화재단, PP.2~6
- 김창기 (2011), 『나눠야 산다』, 조선뉴스 프레스
- 김태완 (2010), 『미래교육에 대한 요구, 비전과 전략』, 5·31 교육개혁 평가 및 미래교육비전 심포지움 (2010.11.5) 발표문
- 김홍배 (1997), 『비용편익분석론』, 홍문사
- 미치오 가쿠, 최성진 · 한용진 역(1999), 『초공간』, 김영사
- 박상규 (2007), 『지역경제발전을 위한 지역연관산업 육성방안』, 2007 국회공동(국회법제실·강원대학교) 토론회 (20007.11.13) 발표문
- 박석순 (2007), 『부국환경담론』, 도서출판 사닥다리
- 박주헌 (2011), 『애덤스미스가 들려주는 시장경제이야기』, (주) 자음과 모음
- 방하남 (2011), 노후소득 보장제도의 문제와 개혁방안』, 황해문화(2011 봄 통권 70호), 새얼문화재단, PP.111~136
- 삼일회계법인 (1995), 『한국기업의 성공조건』, 매일경제신문사
- 서영호 · 장원태 (2010), 『경제학의 이해』, 도서출판 글로벌
- 서용석·은민수·이동우 (2008), 『사회변동과 사회복지정책』, 고려대학교 출판부

- 송영식 (2010), 『사립대학의 구조조정과 발전과제』, 대학의 구조개혁과 발전방향, 2010 한국고등교육정책학회 추계학술세미나 (2010.12.3) 발표문
- 신부용 (1999), 『교통문제 해결할 수 있나?』, 교통환경연구원
- 신형욱 (2011), 『OECD 통계자료에 따른 우리나라 대학의 재정현황』, 7회 한국사립대학총장협의회 총회 (2011.10.14) 발표문
- 유지후 (2011), 『케인즈가 들려주는 수정자본주의이야기』, (주) 자음과 모음
- 이승일 (1999), 『한국 교통정책의 이해』, MS미디어
- 이승일 (2012), 『생존수요』, 한가람서원
- 이은경 (2011), 『증세논란, 무엇이 핵심인가?』, 황해문화 (2011봄 통권 70호), 새얼문화재단, PP.159~185
- 이일균 (1992), 『계량분석론』, 법문사
- 이일균·윤용호 (1980), 『현대재무관리』, 일신사
- 인천국제공항공사 (1999), 『인천국제공항 사업추진현황』
- 정충영 (1996), 『경영과학』, 박영사
- 조현수 · 황희정 (2010), 『경제학입문』, 도서출판 두남
- 지용택 (2011), 『황해문화 (2011봄 통권 70호』, 새얼문화재단
- 지호준 (2000), 『알기 쉽게 배우는 21세기 경영학』, 법문사
- 진영환·김창현 (1998), 국토정책의평가와 발전방향』, 국토개발연구원
- 찰스피시먼, 김현정 · 이옥정 역(2011), 『거대한 갈등』(사) 한국물가정보
- 천규승 (2011), 『세이가 들려주는 생산 · 분배 · 소비이야기』, (주)자음과모음
- 최병모·이수진 (2011), 『코즈가 들려주는 외부효과이야기』, (주)자음과모음
- 최윤정 (2011), 『자본통제 없이 무상의료는 불가능하다』, 황해문화 (2011봄 통권 70호), 새얼문화재단, P.137~158
- 한국고등교육정책학회 (2010), 『대학의 구조개혁과 발전방향』, 2010 한국고등교육정책학회 추계학술세미나 (2010.12.13) 자료집
- 한국교육개발원 외 (2010), 『5·31 교육개혁관련 발표자료모음』, 5·31교육개혁평가 및 미래교육비전 심포지움 (2010.11.5) 기념자료집
- 한동일 외 (2011), 『사회복지행정론』, 양서원
- 한국사립대학총장협의회(2012), 제8회 한국사립대학총장협의회 총회 (2012.4.27) 자료
- 홍경준 (2011), 『최근 '복지국가논의'의 정치 · 경제 함의』, 황해문화 (2011봄 통권 70호), 새얼문화재단, PP.65~84

참고인용 주요자료

- "한국의 저출산 심각 당장 문화혁명 필요"–적정출산(동아일보, 2010.7.16, 노지현 기자)
- 합계출산율 증가에도 출생아수 줄어든 이유는 ?(국민일보, 2016.11.10. 김현길 기자)
- 저출산 20년, 일본이 비어간다.(조선일보,2011.7.11–13,조선일보 · LG경제연구원 공동기획)
- 세계 10대 장수국(매일신문, 2016.10.01. 정창룡 논설실장)
- 확 늙어버린 대한민국…지자체 3곳 중 1곳 '초고령사회'–중위연령 (한국경제, 2016.09.07. 김재후 기자)
- 저출산 대책, 패러다임을 바꿔야 한다.–적정인구 (동아일보,2016.11.05. 김용하 순천향대 교수)
- 제1, 2, 3차 저출산 · 고령사회기본계획–사실상 보육위주 대응
- 직장 여성들 겨우 5.4% "저출산정책 만족한다."(여성신문, 2016.08.11. 진주원 기자)
- 경제규모 13위 한국, 삶이 왜 고달픈가 했더니…(동아일보, 2007.10.30. 박용 기자)
- 청년실업자 100만명…'헬조선' 주범은?(헤럴드경제,2016.09.18. 김영화 기자)
- 연애 · 결혼 · 출산 기피 '3포세대' 청년실업 탓(국민일보,2015.08.07. 권지혜기자)
- 10명 중 1명만 가도 4조원 내수 효과(연합뉴스, 2016.07.27. 고유선 기자)
- 고용 다 틀어막으니 청년들이 어디에 취직하나(한국경제, 2016.03.16. 사설)
- "고용, 가장 심각한 문제…일자리 나누기로 가야"(동아일보, 2009.1.21. 길진균, 장원재 기자)
- 농업을 미래 성장산업으로 재구축할 때–수출(동아일보, 2011.9.14. 사설)
- '남는 쌀' 보관비만 연간 5천억(머니투데이, 2015.12.09. 박다혜 기자)
- 쌀 과잉 생산도 원인·해법 알면서 못 푸는 한국병 (조선일보, 2016.10.07.사설)
- 재건축 투자 수요 꾸준(중앙일보,2016.08.15.김성희 기자)
- "백년 이상 먹고살 수 있는 한반도 설계가 내 마지막 업"/서울~세종시 (동아일보, 2014.1.13. 국가건축정책위원회 김석철 위원장/김순덕 논설위원)
- "한국만한 중 충칭도 나라 아닌 도시"–남한의 80% 넓이, 2800만명 – 한국을 하나의 도시로 (조선경제, 2009.11.9. 방현철 기자)
- 관광경쟁력, 일본은 뛰고 중국은 날고 있는데 (헤럴드경제, 2015.05.22. 사설)
- 대학진학률 29%인 스위스, 71%인 한국보다 실업률 낮은 비결은

- – 해발 3454m까지 산악열차 (동아일보B1, 2014.01.21, 장원재 기자)
- 전체 공무원 평균연봉 5천604만원⋯작년비 4.5%↑ (연합뉴스, 2015.05.04, 하채림 기자)
- 자본주의 위기는 집에서 시작됐다. (매일경제, 2017.01.05, 이근우 기자)
- '집 걱정'의 나라(아세아 경제, 2015.08.17, 박철응 기자)
- 기증정자로 출산 ⋯ 프랑스 비혼 엄마 "아무 차별 없어요." (중앙일보, 2016.10.24, 특별취재팀 신성식, 서영지, 황수연, 정종훈기자)
- 결혼한 여성 10명 중 2명은 '경단녀'(서울경제, 2016.09.20, 이태규 기자)
- 미혼여성 절반 "결혼 안 해도 돼"⋯29.5% "애 없어도 상관없어"(연합뉴스, 2016.07.10, 전명훈 기자)
- 유치원 일찍 가고, 대학은 많이 가고(아시아 경제, 2016.09.15, 조인경 기자)
- 엄마 품에 큰 '수재'들, 영원히 노벨상 못 받는다.(조선일보, 2010.10.14, 배영찬 한양대교수)
- 이재정 교육감 "경쟁과 점수가 교육 망치고 있다.(아시아경제, 2016.07.27, 이영규 기자)
- 학교 정글에서 살아남을 길은 어디에(동아일보, 2013.04.25, 정용관 차장)
- '입시를 폐지하고 대학을 평준화하라'(뉴스1, 2015.07.27, 변지은 기자)
- 서열없는 대학⋯스트레스·학교폭력 '훌훌'(한겨레, 2012.3.5, 이재훈 기자)
- 높은 대학진학률, 낮은 청년취업률(중앙일보, 2016.10.11, 다니엘 린데만)
- 정규직 취업' 대졸예정자 17%뿐⋯61%는 미취업 (한국경제, 2016.01.29, 김봉구 기자)
- "성적과 사교육비는 진짜 비례"(뉴스1, 2016.02.26, 이동희 기자)
- '선행학습 금지'1년⋯사교육비만 늘었다.(이데일리, 2015.08.30, 신하영 기자)
- 기혼여성 10명중 4명 "자녀양육 부담에 출산 중단"(동아일보 ,2016.07.11, 김호경 기자.)
- 정글같은 입시위주 교육이 학교폭력 원인(동아일보, 2012.1.5, 최예나 기자)
- "교사된 걸 후회해요"⋯'교권침해' 5년간 2만건 넘어(머니투데이, 2016.01.03, 이정혁 기자)
- 로스쿨 입학생 2명중 1명 'SKY' 출신(한겨레, 2016.09.08, 김경욱 기자)
- 고졸이 취업 잘되는 능력중심사회 만들어야(매일경제, 2016.09.01, 사설)
- 노인자살률 OECD 1위, 2명 중 1명 빈곤(뉴스1, 2016.10.02, 김태환 기자)
- 장수의 덫⋯수명 7세 늘면 노후자금 1억3000만원 더 필요 (조선일보, 2016.09.09, 김동섭, 김성모 기자)

- 기대수명 83세–행복수명 75세…'걱정되는 8년의 노후생활'(한국경제, 2016.10.10. 한경닷컴 뉴스룸)
- 불황에…부모 39% "성인 자녀 부양 중"(세계일보, 2016.06.06. 윤지로 기자)
- 균형발전 꾀한 수도권 규제 '거꾸로 효과'(동아일보, 2016.07.27. 김창덕 기자)
- 학생 없어 통폐합 초중고 10년간 643곳 – 기준 2,747개 해당 (연합뉴스, 2016.02.07. 황희경 기자)
- 새 일자리 92%가 수도권에 몰려…지난 5년간 통계 (조선일보, 2011.7.14. 호경업 기자)
- 지방대 살아야 지역도 산다. – 대학진학률 84~95% (동아일보, 2011.3.17. 박맹언 부경대 총장)
- 국회, 저출산·고령화 전담할 정부기구 신설 촉구 결의(뉴스1, 2016.10.24. 김영신 기자)
- 학생 3만명 감소…재정은 5천억 증가(강원일보사, 2017.01.10. 이규호 기자)
- 국민연금2060년, 사학연금2042년, 건강보험 2025년 고갈된다.(뉴시스, 2015.12.04. 이예슬 기자)
- "국민연금 재정지속성 위해 출산율 높여야"(연합뉴스, 2015.05.13. 서한기 기자)
- 인구 12.5% 노인층이 건강보험 진료비 37.5% 쓴다.(연합뉴스, 2016.10.03. 서한기 기자)
- 회의 한 번도 안 한 지자체 위원회 증가, 운영비만 370억 (서울신문, 2015.09.11. 강국진 기자)
- 아무도 안 찾는 600억 짜리 '명품' 공원 (MBN, 2016.08.04. 노승환 기자)
- 전국 시·도(공기업) 398곳 부채 74조원 (연합뉴스, 2015.07.21. 강종구기자외 10명)
- 세금만 쏟아붓는 흥청망청 축제 행사들(이데일리, 2016.10.25. 사설)
- '눈먼' 국가보조금…권익위, 부정수급 7년간 590억 적발 (동아일보, 2015.07.01. 홍정수 기자)
- 세금 먹는 하마…"재보선 비용 1,200억 (YTN, 2015.05.10. 강진원 기자)
- 통계청, KOSIS (국가통계포털)
- 이승일(2012), 「생존수요」– 대폭보완(서문 참조), 기타 자료의 출처